JN059049

「被害者意識」の
パラドックス

非行・犯罪を繰り返す人たちの理解と対応

村尾泰弘

Paradox of Victim Consciousness
Psychological Understanding
and Psychotherapy for Juvenile Delinquents
and Criminals

明石書店

はじめに

1. 少年非行の理解と対応をめぐる問題

　筆者は、約17年間にわたって、家庭裁判所調査官（調査官補も含む）として、少年非行や家庭問題に携わってきた。1998年4月に立正大学社会福祉学部に職を転じたが、その後も、刑事裁判の情状鑑定において、少年および成人の犯罪に関わってきた。また、被害者支援活動にも積極的に関わり、児童養護施設においてスーパーバイザーとして、特に非行に関与した児童への対応、被虐待児童の理解と対応についても深く関わってきた。つまり、加害者と被害者双方の心理臨床実践に取り組んできたことになる。

　そんな中で、筆者のとり続けた姿勢は「犯罪を繰り返す少年は、加害者でありながら被害者意識が強い」という視点であった。これを筆者は「被害者意識のパラドックス」と名付けた（第1章参照）。

　これは、加害者は加害者として、あるいは、被害者は被害者として、別個のものとしてとらえるのではなく、両者を相互に関わりのあるものとしてとらえるべきであるという視点である。筆者の心理臨床の基本的な姿勢から考えると、この視点は筆者がたどり着くべき必然的な姿勢と考えることができる。

2. 本書（本研究）の目的

　本研究は、非行少年の特質を検討しながら、少年非行や犯罪を理解し、その対応を検討していくことを目的とする。その際、「被害者意識（前述）」に着目して、少年非行や犯罪を理解していくことの意義や有効性を検討してみたい。具体的にいうと、被害者意識に着目して、筆者が研究を重ねてきた少年非行の理解と対応について検討し、さらに筆者の非行臨床についての技法論も紹介しながら、その技法論についての検討を試みるこ

とにする。技法論の論考については、まずは、筆者の非行臨床技法論そのものを系統的にまとめてみることを第一義的な目的とし、その上で、被害者意識との関連を検討する。

　技法論においては、精神分析、ユング心理学、家族療法のそれぞれの視点を重視し、それぞれ考え方を異にするこれらの技法論の統合的な適用も検討したい。コンテンツとコンテクストという概念（東，2010）から考察すると、精神分析・ユング心理学と家族療法は、前者はコンテンツ、後者はコンテクストを扱う心理療法と考えられ、基本的な考え方の土台が異なっている。これらの技法を同じケースで統合的に使用することは、矛盾をはらむことになるが、この矛盾をどのように考えるかも考察したい。また、精神分析は言葉を中心的なツールにして展開される、すなわち言葉のやり取りによって展開されるが、ユング心理学ではイメージを扱うことも重要である。非行少年は言語表現が苦手であることが多く、描画、箱庭などのイメージを主体とする方法が有効になることが多い。言葉（精神分析）とイメージ（ユング心理学）という、両者のアプローチもやはり基本的に異なる面がある。非行臨床へのユング心理学の適用、すなわちイメージを用いたアプローチの適用の意義を考察する。その代表として、箱庭療法やMSSM（山中，1984；1992）を取り上げる。

3. 論考の構成と各章のねらい

　具体的には「第1章　被害者意識のパラドックス――非行少年理解の実際」では、前述した「被害者意識のパラドックス」について論考を深める。「第2章　非行性の理解と対応」では、非行性の理解についての理論的な考察から、筆者のオリジナルな理解の方法「非行性の二次元的理解の試み」（村尾，1994）を検討し、この考え方の具体的な事例への適用も論じる。特に、「被害者意識」との関連においては、自我の安定度との関係において、被害者意識に着目することの意義と効果について言及する。村尾（1994）は、自我の安定度を考えるにあたり、福島（1980）のエディプス的反抗と前エディプス的反抗の概念を導入することの意義と効果を詳細に述べたが、本稿では、さらに、この反抗概念と被害者意識との関連と被害者

意識に着目することの効果についても述べる。

　「第3章　非行臨床の方法（1）精神分析とユング心理学」では、筆者の非行臨床の根底にある精神分析とユング心理学について述べる。精神分析においては、自我防衛論の考察から、筆者の非行理解の視点、「非行行動は少年やその家族を守っている」という逆説的な視座を提出し、具体的なアプローチ法を検討する。この視座に立っても、少年の被害感をしっかり受け止めることが重要であることを考察する。ユング心理学においては、ユングの「影」の考え方と少年非行との関わり、非行臨床技法としては、投影のひきもどしについて考察を深める。被害者意識との関係においては、影の投影の背景には被害感が介在することを指摘する。

　「第4章　非行臨床の方法（2）表現療法と非行臨床」では、筆者が非行少年に適用してきた箱庭療法とMSSM法について紹介し、非行少年への箱庭療法適用について考察し、さらに、発達障害が疑われた犯罪少年という具体的な事例を取り上げながら、犯罪少年への箱庭療法とMSSM法あるいは表現療法の適用について具体的に考察を深める。発達障害がない非行少年との比較、さらには、「被害者意識のパラドックス」との関連も述べる。

　「第5章　非行臨床の方法（3）システム論的家族療法と精神分析的家族理解」では、筆者の非行臨床の方法論として、システム論的家族療法と精神分析を取り上げる。父親の心理的不在が問題となる非行事例を精神分析とシステム論的家族療法の視点で考察し、両者の方法論の併用、および、その統合の可能性について考察を試みる。また、この事例においても、被害者意識に着目することが有効であることを例証する。

　「第6章　非行臨床の方法（4）精神分析的ブリーフセラピーと被害者意識」では、筆者の非行臨床の方法論の一つの支柱となる精神分析について、そのブリーフセラピー的アプローチに焦点を当て、精神分析的ブリーフセラピーの考え方を検討する。この章においては、モルノス（Molnos, A.）が有効とする着目点、「破壊的怒りと癒しの怒り」を考察し、この考え方の一つの応用として、「破壊的被害者意識と癒しの被害者意識（癒しにつながる被害者意識）」の概念を提出し、その有効性について論考する。

「第7章　児童虐待死事例の心理学的家族分析——トラウマの再現性・再演性と被害者意識」では、児童福祉施設での生活歴がある兄弟の起こした児童虐待死事件を取り上げ、その背景にトラウマの再現性・再演性が見られること、それは被害者意識と関連性を持つこと等について論考を展開する。

　「第8章　被害者と加害者の関わり」では、被害者支援の必要性とその制度の展開、また加害者と被害者の関わりを少年院等で行われている「被害者の視点を取り入れた教育」の視点から論じるとともに、修復的司法を紹介し、その意義を論じる。これは被害者意識の背景にあると考えられる被害者と加害者の関係性についての論考である。

　「第9章　被害者意識とストーカー殺人および無差別殺人——過去の犯罪事例の考察」では、被害者意識の視点からストーカー犯罪と無差別殺人を考察する。

　そして、「第10章　被害者意識の深層心理と日常生活」では、被害者意識が犯罪者だけではなく、我々の日常生活の中での行動、ものの考え方にも影響を与えていることを論じる。これについては、主として、土居の甘え理論を根底に据えながら考察を深める。ここでは、被害者意識のパラドックスに関連して、加害者意識も同様のパラドックスが存在するかについても触れることにした。すなわち、被害者でありながら加害者意識を持つ場合が存在するかどうかの問題である。

　以上のように、本研究の構成においては、非行・犯罪の理解と対応について、「被害者意識」の視点から非行・犯罪を理解することの意義等の考察と、その「方法論」の考察という、いわば二つの内容の柱を立てた。その柱に沿って論考を深めていく。そして、「第11章　総合的考察」において、総括を行う。

　なお、本研究で用いる事例について付記しておきたい。本研究で取り上げた事例は、原則として、すべて固有名詞をＡ、Ｂなどの匿名表現とし、個人情報は最小限の記述にとどめ、なおかつ、本質が変わらない程度に一部を変えるなどの加工を施してある。これらはすべてプライバシー保護の観点から行ったことである。また、第9章、第10章を除き、すべて、筆

者が論文等としてすでに発表したものである。それぞれの発表の時点において、当時の投稿規定等の基準を満たしているが、それに加えて、現在のプライバシーの配慮の観点からさらに配慮を加えた。第4章の事例「自閉症スペクトラム障害の疑いと診断され、選択性緘黙状態にある犯罪少年への表現療法的アプローチ——箱庭・MSSMを中心に」では、倫理的配慮として、本ケースの面接・箱庭等の経過を研究会・学会で発表することについて本人Aと母親から了解を得た。「第7章　児童虐待死事例の心理学的家族分析——トラウマの再現性・再演性と被害者意識」では、児童福祉施設での生活歴がある兄弟の起こした児童虐待死事件を取り上げているが、これに関しては、虐待事例検証報告書と公開の裁判における傍聴メモだけを資料としている。第9章でも、事例を用いているが、この章で用いたものは、出典は、一般的な読者を対象として発表・公開された文献（著書）を用いており、筆者が、個人として面接などを行ったものではない。以上のように、本論文における事例の使用については、倫理的な観点から細心の配慮を行っている。さらに、プライバシーへの配慮については、各章において、改めて記述を加えている。

「被害者意識」のパラドックス　目次

第11章

総合的考察

第 1 章

被害者意識のパラドックス
非行少年理解の実際

1 非行少年に関する「被害者意識」研究の動向

　筆者は、17年間、家庭裁判所調査官（調査官補も含む）として実務に携わったが、非行少年の被害者意識に着目するようになったのは、比較的初期の頃からであった。筆者は1981年4月に家庭裁判所調査官補として採用されたが、村松（1982）が、非行少年の被害者意識を取り上げ、「罪障感の希薄な非行少年はその背後に被害者意識を潜ませていることが多（い）」と指摘していることに引き付けられ、被害者意識と非行臨床の関連に興味を持ったのである。やがて、この論文のもとになった論文（村松, 1978）は、彼が、家庭裁判所研修所調査官養成部を修了する時に書いた論文であることも知り、これらの論文から大きな影響を受けた。すなわち、被害者意識が更生への障害になっているという村松の指摘である。そして、筆者は、家裁調査官として少年非行に関わりながら、被害者意識と更生の関連が強いことの認識を深めていった。また、その一方で、被害者意識に着目した非行臨床活動を行うようになり、その結果として、村尾（1999a）は、「犯罪を繰り返す非行少年は、加害者でありながら、被害者意識が強い」ことを指摘し、被害者意識に焦点を当てたカウンセリングの必要性と具体的なその方法を検討した。

　一方、被害感・被害者意識に関しては、児童虐待への関心の高まりから、被虐待体験と非行の関連が論じられるようになった。例えば、松本（1998）、斎藤（1998）、佐藤（1998）、萩原ら（1998）が被虐待体験と非行との関連を論じている。藤岡（2001）は、これらの1998年の一連の論文を取り上げながら、「被害体験と加害行動の関連を指摘する論文が散見されるようになった」と述べている。このように、直接、被害体験と加害行為の関連を扱う論文は、1980年代は非常に稀なものであったと考えることができよう。また、少年非行の背景として、親の不適切な養育がその非行行動の一因になっていることは、多くの非行臨床家が半ば常識として知っていたと考えられるが、「虐待」という範疇で不適当な養育と非行の関連を考察するには、時代が「児童虐待」に十分関心を注ぐようになる必要があったと考えられるのである。

　その後、法務省で非行少年の心理臨床に携わってきた藤岡が、『非行少年の加害と被害』（藤岡，2001）において、「非行少年における被害体験と加害行動」を論じた。この藤岡の著作（藤岡，2001）がある種、体系的に被害と加害を考察する最初の著書となったと考えることができる。橋本（2004）も被虐待体験と非行との関連を克明に論じ、非行臨床家に大きな影響を与えた。さらに、橋本（2008）は、「加害者の被害者性」を取り上げ、村尾（2008c）も、改めて被害者意識と少年非行との関連を論じた。このような流れの中で、筆者は、被害者意識への関わりが非行少年の更生には不可欠であることを確信し、『非行臨床の理論と実践——被害者意識のパラドックス』（村尾，2012）において、初めて「犯罪を繰り返す非行少年は、加害者でありながら、被害者意識が強い」ことについて「被害者意識のパラドックス」という用語を使用するに至ったのである。

　一方、この文脈と無関係に、日本社会においては、被害者支援の機運が高まりを見せるようになった。2004（平成16）年には犯罪被害者等基本法が制定され、翌2005年には「犯罪被害者等基本計画」が策定された。家庭裁判所を辞めた筆者は2005（平成17）年頃から被害者支援活動に携わるようになり、被害者と接するようになった。その関係で、被害者支援の文献との関わりが生じたが、被害者支援の観点から、長井（2004）が、被害者における第三次被害者化として、被害者が犯罪者へ変貌することの可能性を指摘しており、非行・犯罪者において、被害者性あるいは被害者意識に着目することの重要性を被害者支援の観点からも改めて認識するに至ったのである。

　その後、非行少年・犯罪者の被害者性・被害者意識への関心は徐々に高まりを見せ、多角的に被害体験を考える視点も出てきた。例えば、エルマン（2012）は、加害者／被害者という概念は心理学的な範疇の概念ではなく、むしろ倫理的であり、法律であると主張している（田中，2021）。また、田中（2021）は、「被害者性」は、明確に定義されないまま、各論者によってさまざまな意味合いで用いられていると問題を指摘している。被害者性については「虐待やいじめなどの過去の被害体験、自分を被害者の立場に置こうとする傾向、被敵対や迫害感などを含む被害者意識など」（田

中，2021）さまざまである。この点は、今後の課題でもある。また、被害者意識をどのように扱うかについては、大原（2022）が過去の見解も整理しながら、具体的に論じている（この点については、本章の中で、改めて取り上げる）。

　本章では、筆者が家庭裁判所時代に被害者意識に注目するに至った背景などを論じながら、「被害者意識のパラドックス」を考察し、最新の論考も参照しながら、被害者意識への関わりが非行臨床に大きな意味を持つことを考察することにする。

　なお、本章で取り上げた事例は、すべて固有名詞をA、Bなどの匿名表現とし、個人情報は最小限の記述にとどめ、なおかつ、本質が変わらない程度に一部を変えるなどの加工を施してある。これらはすべてプライバシー保護の観点から行ったことである。

2　非行少年の理解

（1）非行臨床の特殊性

　非行少年の処遇については古くからダブルロールという難しい問題が存在することが知られている（井上，1980）。簡単にまとめると、非行少年の対応においては、少年の行動規制を課す役割と、少年の自由意志を尊重するという二つの役割が求められ、その相克に非行臨床に携わるものはしばしば困惑させられる。これがダブルロールの問題といわれるものである。非行臨床の難しさは、このダブルロールの問題に尽きるともいえる。

　それでは、なぜ非行臨床の領域ではこのような問題が生じるのだろうか。これは非行臨床の構造的な特質と関係している。

　この章では、まず、この臨床構造の特質に目を向けながら、非行少年への対応と家族支援のあり方を考えてみたい。

（2）非行少年──加害者でありながら被害者意識が強い少年たち

　少年たちの中には、再犯を繰り返し、罪の意識がほとんど深まらないように見えるものがいる。彼らはもちろん理屈の上では悪いことをしたとい

う自覚はある。ではなぜ罪意識が深まらないのだろうか。次の二つの事例
（事例の初出は、村尾，2012）に目を通していただきたい。

事例1　少年A　14歳男子

　Aは13歳の時に激しい校内暴力を起こし、窃盗、シンナー吸引、恐喝
などで警察に捕まり、家庭裁判所で試験観察に付されたが、いっこうに行
動は改善されず、児童自立支援施設に送られた。しかし、そこでの生活は
安定せず、1か月に5回の無断外出を繰り返して浮浪生活を送り、バイク
盗と無免許運転・物損事故を起こして捕まったのである。

　家族はA、母、姉の3人家族。父はAが4歳の時に仕事中に事故死をし
ている。母によれば、Aは幼少期からその場逃れの詭弁を弄するのが巧み
で、裏表の激しい行動を繰り返してきた。Aは驚くほど嘘がうまいと母は
言う。

　筆者はAと面接したが、Aは「僕は父親がいないことで、いじめられて
きた」「僕はいつも運が悪い」「こんなこと（非行）をするようになったの
は友達が悪かったからだ」などと自己弁護に終始し、自分を被害者の立場
に置こうとする傾向が顕著であった。

事例2　少年B　19歳男子

　Bは15歳時に傷害、窃盗、放火などで家庭裁判所に事件送致され、そ
の後、強盗強姦（未遂3件、既遂3件）、強盗強姦致傷、強姦致傷などを起
こして特別少年院に送られ、その後仮退院したものの、さらに強盗強姦、
強姦致傷を起こした。

　Bの家族は母、兄3人、姉3人、妹の9人で生活。父親はBが就学する
直前にいわゆる蒸発して行方不明になった。母親はたくさんの子どもを抱
え苦労を強いられてきた。

　Bは無口だが、短気で立腹しやすい。「友人に裏切られた」「人は信用で
きない」などと言い、対人不信感が強いことを示す。筆者との面接が深ま
るにつれて、Bは「自分は人との関わりを避けてきたが、本当はとても寂
しがり屋である」と複雑な気持ちを訴え始めた。そして、「僕は友達との

関係でも、いつも除け者にされる」「いつも僕はいじめられてきた」と述べ、被害感情が根深いことを示すに至った。

　以上２例を見ると、共通点があることに気づく。それは、双方とも被害者意識が強いということである。本論文では、被害者意識とは「被害者の立場に身を置こうとする心性およびその被害感」と定義する。

　少年Ａ、Ｂともに、罪を犯した加害者でありながら、気持ちの上では、あたかも自分が被害者のような立場に立っていることがわかる。彼らは理屈の上では悪いことをしたという自覚が一応はある。しかし、こころの中では「自分は不幸である」「不運である」「不当な扱いをされている」といった被害者意識が根強く、生活や行動はむしろこのような被害者意識に左右されているために、罪悪感が深まらないのだと考えられるのである。

　この「加害者でありながら被害者意識が強い」という逆説は、非行少年一般に当てはまると考えられる。例えば、村松（1978）は、非行少年の被害者意識を取り上げ、この被害者意識が更生への障害になっていることを指摘している。このように考えると、非行少年の心理の理解とカウンセリングのポイントは、まさにこの「自らの被害者意識故に罪悪感が深まらない」という点にあることが理解される。この被害者意識に対する理解とケアが非行臨床の最も重要な点であると筆者は考えている。

　筆者はこの「加害者でありながら被害者意識が強い」という逆説を「被害者意識のパラドックス」と呼ぶことにした（村尾，2012）。

　では、なぜ、このような問題が起きるのだろうか。その背景には、非行臨床特有の問題、すなわちアクティング・アウト（行動化）の問題が介在している。その問題を検討していくために、非行臨床の治療的アプローチをいわゆる神経症者の治療と比較して考えてみたい。

（3）神経症との比較——行動化への対応と苦悩の理解
　いわゆる神経症者も非行少年も内面に苦悩を抱えている点では同じである。ところが両者ではその苦悩の表れ方が異なっているのである。

　例えば、フリードランダー（Friedlander, K.）によれば「神経症の少年た

ちは、超自我が異常に厳しく自己を攻撃して苦しむ。これに反して非行に走る少年たちは、超自我の欠陥のため、攻撃が外に向かって周囲の人たちを苦しめる」という（山根，1974 を筆者が要約）。

　神経症者は自らが苦しんでいくタイプ、つまり、自分を苦しめていくタイプだといえる。ところが、非行少年は周囲や他者を苦しめていくタイプと考えることができる。力の向く方向が逆である。非行少年たちは、苦悩の表れ方が外へと向かう。悩みを抱えるよりも、悩みを行動でまぎらわせようとするといってもよい。「悩みを抱えられない少年たち」（生島，1999）ともいえる。非行がしばしば行動化の病理といわれるのはそのことと関係している。しかし、非行少年も内面に苦悩を抱えていることを忘れてはならない。その苦悩を共感し理解していくことが、非行少年への支援の基本なのである。

　さて、彼らのこころの中が被害者意識に満ちていること、これは彼らのこころが傷つき体験を繰り返してきたからだといえる。

　実際、法務総合研究所（2001）が少年院在院者について虐待等の調査を行った結果によると、50.3％の少年（男女）に身体的暴力や性的暴力（接触や性交）、不適切な保護態度のいずれかの虐待を繰り返し受けた経験があると報告されている（橋本，2004）。

　藤岡（2001）や橋本（2004）は、時間の経過とともに被害体験から加害行動へと転じていく流れを論じている。

3　被害者意識

（1）被害者意識への対応と行動化

　非行を繰り返す少年たちの胸の内には、親に虐待された、裏切られた、教師に不当に扱われた等の被害者意識が深く鬱積しているのである。このようなこころの傷に対しては、カウンセリング的な手法で対応することになる。しかし、非行少年たちは神経症者と違って、激しい行動化が伴う。石川（1983）は非行少年たちへの対応においてはアクティング・アウトが伴いやすいことを示し、アクティング・アウトを「少年が現状打開を試み

始めたときに感じる苦しみの表現」と述べるなど、このアクティング・アウトへの対応が非常に重要になることを指摘している。このようなことからも非行少年とアクティング・アウトの問題は切り離して考えることができず、やや極端にいえば、非行はアクティング・アウトの病理と考えることができよう。

このことをやや平易な言葉で表現すれば、例えば、カウンセリングによって、関心が自分の内面に向かい、自分の問題などへ目が向くようになると、非行少年たちは、その焦燥感、不快感などから、「一気にすかっとしたい」といった気持ちが生じ、非行行動に走ってしまうことが多い。結局は、問題行動や犯罪を繰り返し、せっかく治療者と少年の間にできあがった信頼関係をすぐに壊してしまい、そのため内省は深まらないのである。このアクティング・アウトに対する配慮が非行カウンセリングの大きな特色である。

こう考えると、アクティング・アウトに対する対応として行動規制を課す必要があることが改めて理解できるだろう。ところが、カウンセリング的な治療は本人の自由意志を尊重するのが原則である。これはある種の矛盾である。これが最初に述べたダブルロールの問題と呼ばれる問題の核心なのである。

(2) 被害者意識と被害体験

ここで、被害者意識と被害体験の相違を確認しておく必要がある。

藤岡（2001）は「被虐待体験と非行との関係を論じた文章が散見されるようになった」が、「非行少年の被害者としての側面にのみ焦点が当てられ、加害者としての側面への光の当て方が十分でないように感じられる」と指摘し、「非行少年の理解とそれにもとづく犯罪行動変化への働きかけは、彼らの加害者としての側面を取り上げることなしでは、効果が半減する」と述べている。

これは被害体験のみに焦点を当てても効果が乏しく、加害者性にも焦点を当てなければならないという指摘と考えることができる。この問題をどのように考えればよいのだろうか。

　この問題を考えるにあたり、筆者のいう被害者意識と被害体験そのものとの違いを整理しておく必要があるだろう。

　被害者意識と被害体験は同じではない。被害者意識とは自分を被害者の立場に置こうとする心性（およびその被害感）であり、被害体験そのものではない。これは、もちろん被害体験との関係はあるが、同じものではない。極端な例を挙げれば、被害体験は乏しくても、被害者意識が強いということも起こりうるのである。

　例えば、片田（2018）は、「被害者意識は特別な人だけが抱える特殊な感情ではない」「被害者意識の強い人のなかには、ごく普通に暮らしている人や、むしろ社会で成功している人が少なくない」という。

　ところで、深刻な問題行動を繰り返す非行少年は深い被害体験を繰り返し受けてきた者が多いが、焦点を当てたいのは、その被害者意識の強さである。

　深いトラウマ体験を有するものがすべて犯罪者になるわけではない。しかし、深刻な犯罪行為を繰り返す者の多くは、被害者意識が強い。

　問題はこの被害者意識なのである。

　焦点を当てるべきものは被害者意識である。そして、被害者の立場に身を置こうとする心性を自覚させていくことが必要である。被害体験をカウンセリング的に受容するとともに、同時に、この被害者の立場に「逃げ込もうとする」姿勢に目を向けさせていくのである。これはある意味で、自分をどう認識するかというメタ認知を深めていくことでもある。そのために被害体験を傾聴するのである。繰り返すことになるが、この関わりにおいて、非行臨床家はまさにアクティング・アウトとダブルロールの問題に直面することになるのである。

▌ 4　被害者意識と行動化への対応——自己決定の尊重

　筆者は、この被害者意識と行動化の問題を扱う上で、「自己決定の原則を貫かせる」ことが大きな意味を持つと考えている。

　激しいアクティング・アウトは、具体的には、責任転嫁や他罰的な姿勢

となって現れる。平易な言葉で表現すると、非行少年たちは言いわけに終始するのである。このような態度に適切に対応することが重要な課題となる。

　例えば、試験観察中[1]の少年が「転校してもよいですか」と家裁調査官に許可を求めてきたとする。これに対して、どのように対応すればよいかを考えてみよう。

　少年の実情を考慮して「転校した方がよいか」あるいは「転校しない方がよいか」を真摯に考えたとする。ところが、「した方がよい」「しない方がよい」いずれの結論を出しても同じ問題が生じるのである。

　転校を許可した場合、転校先で事態が悪くなった時、少年はまずこう言うだろう。

　「あなたが転校しろと言ったからこんな悪い結果になった」。

　また逆に、転校を許可しなかった場合はどうだろうか。事態が悪くなると少年はきっとこう言うのである。

　「あなたが転校させてくれなかったからこんなひどい結果になった」。

　つまり、いずれの場合も家裁調査官（カウンセラー）が悪者になってしまい、少年は被害者的立場に逃げ込んでしまうのである。このように、非行少年のアクティング・アウトの背景には、他罰的姿勢が見て取れる。

　したがって、少年たちが、他罰的姿勢がとれないような対応をとらなければならないことが理解できよう。

　では、どうするか。それは、少年にとって肝心なことは、自分自身で決定させることである。つまり、自己決定の原則を貫くことが大切だと考えるのである。そして、その結果がうまくいけば、本人を褒め、うまくいかなければ、内省の材料にする。これが非行臨床の要だと考えている。

　冒頭にダブルロールについて言及したが、ダブルロールとは「非行少年の対応においては、少年の行動規制を課す役割と、少年の自由意志を尊重するという二つの役割が求められ、その相克に非行臨床に携わるものはしばしば困惑させられる」ことである。これがダブルロールの問題といわれるものである。非行臨床には非行少年の再犯を防止する必要から行動規制を課すことがどうしても必要になってくる。行動規制を課すが故に、だか

らこそ、肝心なことは自分で決定させるという自己決定の原則（自由意志
の尊重）を貫くことでバランスが保たれるのである。自己決定なくして責
任感は生まれない。ひいては加害者意識も深まらないのである。

5　非行少年の家族の特質

　さて、ここで再び神経症者と非行少年の違いに目を向けてみたい。両者
の違いは、家族機能の違いにも現れている。
　次の図はビーバーズ（Beavers, W. R.）の家族システムのモデルである
（図1-1）。ビーバーズは、家族を遠心的と求心的という二つの側面からと
らえた。遠心的とは家族を外側に追いやる力が働くことを意味し、求心的
とは家族内に吸収し埋没させる力が働くことを意味する。今、非行を繰り
返す少年を社会病理的な子、あるいは行動障害の子に当てはめて、この図
を見てみる。統合失調症や神経症の子どもたちが家族から外へ出ていけな
くなる（求心的家族）のに対し、非行を繰り返す子どもたちは家からはじ

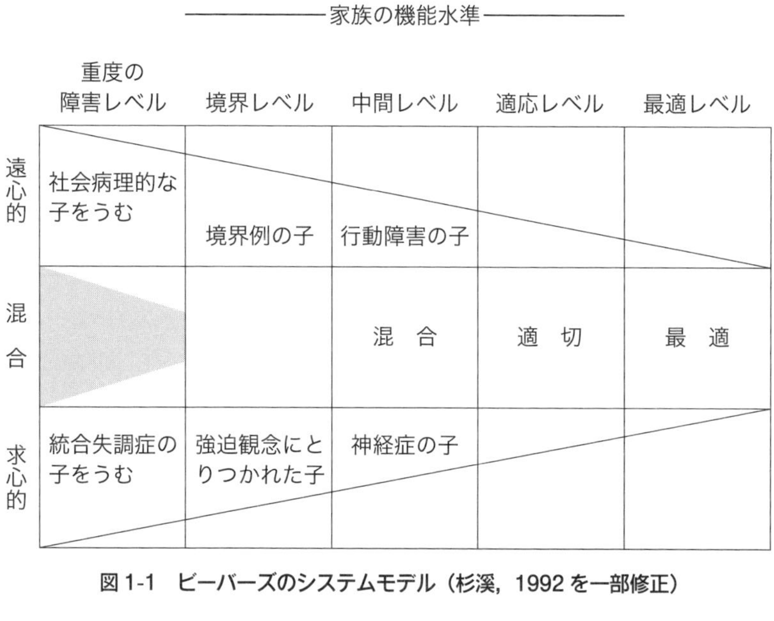

図1-1　ビーバーズのシステムモデル（杉溪，1992を一部修正）

き出される、つまり家出等を繰り返すこと（遠心的家族）からも、この家族メンバーに働く力の方向性が、神経症と非行では逆になることが理解できる。

　つまり、非行少年においては、家族機能においても力は「外へ」（遠心的）向かうし、内面の問題も「外へ」（アクティング・アウト）向かうのである。このように考えると、非行臨床において、ダブルロールの問題、すなわち行動を規制する役割と自由意志を尊重する役割の相克がきわめて大きな問題となることが改めて理解できよう。

6　非行事例の検討

　ここで事例（村尾．1999a）を取り上げながら検討を深めていきたい[2]。

事例3（校内暴力）　少年C　中学3年生、男子
〈事例の概要〉
　この事例は学校内で担任教師に暴力を振るい傷害事件を起こした中学3年生男子Cの事例である。Cはつっぱりグループのボス的存在。体格は良いが自己表現が苦手で口数が少ない。自分たち（つっぱり）は教師から普通の生徒と差別されているという被害感を強く抱くようになり、教師に反抗。二度にわたって担任教師に暴力を振るった。
　Cの父母は離婚しており、家庭は母と次兄との3人暮らしだったが、本件をきっかけに名古屋から長兄が帰宅した。父は板前だったが仕事が続かず酒癖が悪かった。父は一度、所在不明状態になった後、夫婦関係をやり直したが結局離婚に至った。父は人前ではおとなしいが母にはわがままに振る舞っていた。板前としてのプライドは高い人物であった。母は昼間は寮の賄い婦をしながら、生活のために夜は酌婦のアルバイトをしていた（長兄が戻ってからは夜の仕事は辞めている）。
　4週間の少年鑑別所生活の後、Cは試験観察決定を受けて自宅に帰った。その後、筆者が家庭裁判所調査官として、学校と連携しながら1週間に一度の割合でCと母親の面接を続けたのである。

〈面接過程〉

　この事例について、主としてアクティング・アウトをカウンセリング場面でどのように扱うかという視点と、カウンセラー（家裁調査官）が教師とどのように連携するかという視点で考察したい。

(1)「転校したい」

　少年鑑別所から帰宅した後、当初、Cの生活は順調に滑り出したかに見えた。しかし、ちょうど3回目の面接の時に異変が起きた。Cが額に青々とした「剃り込み」[3] を入れて現れ、筆者に「転校したい」と訴えたのである。理由を聞くと、自宅訪問に来た担任教師（本件の被害者）に対して、長兄が暴力を振るったのだという。その発端は、Cが長兄に、この事件は、少年が一方的に暴力を振るったような扱いになっているが、実際は担任教師も自分に暴力を振るっていたと訴えたことにある。それを聞いた長兄が立腹し、担任との口論の末、暴力に発展したのである。

　Cと母は「長兄まで担任教師に暴力を振るってしまった。バツが悪くて学校に行けない。他県の中学へ転校させたい。転校を認めてほしい」と訴えた。

(2)　アクティング・アウト（行動化）への対応

　このような場合、どうすべきであろうか。筆者にはCも母もともにすでに転校することを決意していると思われた。しかし、Cの額には目にも鮮やかな「剃り込み」が入っており、そのような状態で転校すれば、転校先の学校で「不良」として扱われ、不適応を起こすリスクが高いと感じられた。

　結果として筆者は肝心なことは少年自身に決定させる「自己決定の原則」を貫くことにした。これがこのケースに対する一貫した姿勢となった。「自己決定の原則」を貫くことにした理由は、非行少年たちは言いわけの天才だからである。転校しろと言えば、転校先で不適応を起こした場合、それは筆者が転校しろと言ったからだと筆者のせいにするだろうし、逆に転校するなと言えば、現状でうまくいかなくなると、それは筆者が転校す

るなと言ったからだと訴えてくる。筆者はそのような苦い思いを再三なめてきたのである。いずれにせよ筆者のせいにするのである。したがって、非行カウンセリングの基本はあくまで自己決定の原則を貫き、それでうまくいけば励まし、うまくいかなければ、その責任を自分のものとして考えさせることに尽きると考えるに至った。

　筆者は少年に「転校するかしないかは君が自分で考えることだ。ただし、その剃り込みのままでは、最初から不良として目をつけられることになる。だから、その剃り込みが生えそろうまで待って、その間ゆっくり考えたらどうだろうか」と話し、「剃り込み」というものを治療的に利用する方策をとった。

　その後、生徒指導担当のT教諭からもどうすればよいだろうかと問い合わせがあった。筆者は同じことを答えた。このようにケースが進みだしたが、その後、何度か難局に遭遇した。筆者はただただ「剃り込みが生えるまで待ちましょう」という言葉を繰り返すことになった。

　Cと母は転校することに決めたようだった。母親は、離婚した夫（Cの父親）の妹が少年の受け入れに協力的であることから、某県にあるこの父の妹宅にCを預けることにしたという。母とCは同宅への訪問も行ったが、同宅での受け入れの感触も良かったと言い、転校の準備を着々と行った。一方、T教諭の尽力で学校側はCのために転校に向けて特別カリキュラムを組んだ。Cを他の生徒と分け、Cが登校すると手の空いた教員が個別対応するということになった。このようにしてCの生活は転校に向けて流れ出した。またCはT教諭を受け入れ、T教諭に何でもしゃべれると述べるようになった。まさに転校する方向で家庭も学校も動き始めたのである。

(3)「転校しない」（少年の決意）

　ところが、それほどうまく事は運ばなかった。突然Cの「転校の気持ち」が揺らぎ始めたのである。その理由について、少年はT教諭に「S子という女生徒が好きになったからだ」と打ち明けた。Cにとって恋愛は初めての経験であり、T教諭と真面目に恋心について語り合うようになった。

　Cは転校するかどうかで気持ちが揺れ、そのために素行が乱れ始めた。

T教諭は「せっかく良くなってきたのに他の教師に悪い印象を与えている」と悔しそうに筆者に語った。この時点で、すでにT教諭は少年の側に立って保護的な姿勢をとり始めていることが窺われた。そして、少年と学校の間の、いわば板挟みになって、ひどく苦しい状況にあるのではないかと推測された。そんな中で、T教諭は「転校させた方が少年のためになるのではないか」「転校するように（筆者から）指導してもらえないか」と求めたが、筆者は「(T) 先生が苦しい立場にあることはよくわかります。しかし、転校するかどうかは少年と親が決めることです。とにかく剃り込みが生えるまで待ちましょう」と繰り返した。そうこうするうちに、ついに教頭とT教諭は家裁に来所し、「一触即発の危険な状況である。今度問題を起せば少年院に送られるかもしれない。そうなるくらいなら転校させる方がよいと思う。何とかCに転校するように勧めていただきたい」と筆者に必死の態度で懇願した。しかし、筆者は「それはCと親が決めること。剃り込みが生えるまで待ちましょう」とあくまで態度を変えなかった。数日後、職場で母親が倒れ救急車で運ばれた。大事には至らなかったが、後日母親は「転校しないのではないかと考えると、あの子のことが心配で心配でたまらない。そう思うと心臓が締め上げられるようになった。辛くて親子心中をしようかとまで考えた。しかし、もうあの子を信じるしかない」と語った。辛そうな母の顔が印象的であった。

　そんな中、Cは「転校しない」ときっぱりと決意したのだった。

(4) 父からの電話（こころの傷への手当て）

　Cが転校しないということになり、学校は特別カリキュラムをやめることになった。そんな中、衝撃的な事件が起こった。連絡を絶っていた父親から突然電話があったのである。夜8時頃母親が電話に出たところ、父親の声だったのでひどく驚いた。父は酔っており、母が『なぜ酔って電話を掛けてくるのか』と聞くと、『みんなに悪いから酔ってないと電話できないのだ』と返答したという。父親は、離婚してしばらくは子どもの誕生日などにプレゼントなどを送ってきたり電話を掛けてきたりしたが、その後電話も無くなり、今回の電話は3年振りくらいだという。父親は、妹から

Cの状況を聞き、心配になって電話してきたのだった。Cは最初、電話に出ても話すことはないなどと言って電話に出ようとしなかったが、結局は電話に出て、父親と話をした。

筆者は、この電話をきっかけに、父親に対する気持ちなどをCに尋ねた。Cは、基本的には父親を憎んではいなかった。父が自分のことを心配してくれていたということを喜んでいた。この電話をきっかけに、その後も、父親や家族についての気持ちなどが語られるようになり、面接は一段も二段も深まりを見せた。父親は、生活態度には問題はあったが、子煩悩な人物でCをたいへんかわいがっており、Cも父からかわいがられた記憶を大事に温めていたことがわかった。しかし、その一方で、父から捨てられたという思いや、父がいないことで、周囲からいじめられたり、肩身の狭い思いをしたこと、また、母がたいへん、苦労をして自分たちを育ててくれたこと、実は、母親のそういう苦労に感謝していることなどが、その後、語られるようになる。このようにCとの面接は、彼の心的外傷体験への手当てへと展開していった。

その後Cの生活は順調だった。校内リレー大会では大活躍した。また彼は手にギプスをつけて現れ「道路で転んで小指を骨折した」と語ったが、実際は「嫌なことを言われ、腹が立ったが、相手を殴ってはまずいと思い、壁を殴って骨折した」ことが後日判明した。このことは少年のフラストレーション耐性が増大したことを窺わせた。

このようにして、Cは生活を立て直し、無事卒業していったのである。

Cは「僕は先生たちから差別されていると思っていつも頭にきていたけど、T先生みたいに僕のことを考えてくれる先生もいることがわかって少し考えが変わってきた。先生（筆者）にもいろんなことを聞いてもらって嬉しかった。今では先生（担任）に暴力を振るったのは悪かったと思えるようになった」と述べた。

面接を終了するにあたって、筆者がCに、一番辛かったのは何時だったかと尋ねたところ、Cは「転校するかどうか迷っていた時が一番辛かった。でも、転校しなくてよかった」と述べたのが印象的であった。

▌7　事例3の考察

(1)「自己決定の原則」と「剃り込み」の利用

　このケースで筆者が留意したことは、転校問題と父親からの電話に対する対応であった。つまり、Cと母親が転校を言い出した時に、「転校するしないは自分が決めること」(自己決定)と促しながら、「(その決定を)剃り込みが生えるまで待つように」との姿勢をとったことである。髪の毛が伸びる速度は非常にゆっくりしており、またその速度は誰もコントロールできないところに意味があったと考えられる。その時間を利用できたのが幸運であった。

(2) 父親からの電話とトラウマ (被害者意識) への手当て

　カウンセリング過程の中では、全く予想外のことがしばしば起こってくる。このケースでは、それは父親からの電話であった。この予期せぬ電話はケースに大きな動きをもたらした。この電話を契機に、父への思い、母への思いなど、C少年のこころの奥の思いが語られるようになる。これは結果として、彼のトラウマ (父に捨てられたという思い) への手当てへと展開していった。これが被害者意識への対応ということになる。

(3) 非行カウンセリングの二層性について

　前述のように、非行少年の罪悪感がなぜ深まらないかについては筆者は彼らが加害者でありながら気持ちはあくまで被害者であるからだと考えている。彼らは罪を犯した加害者でありながら、気持ちの中では「自分は世間から不当に扱われている」「親や学校から不当に扱われている」といった被害者意識が充満しているのである。彼らが立ち直るには真に加害者意識を自覚できなければならない。したがって非行指導のポイントは、被害者意識の核となるこころの傷を癒す側面と、罪意識を自覚させる側面の二層構造にならざるを得ない。これについては、こころの傷を癒す行為には、いわゆる一般的なカウンセリングの手法が対応し、安易なアクティング・アウトを阻止し、加害者意識を自覚させる行為に対しては、行動レベルで

の自己決定を重視するカウンセリングが対応する。

（4）罪意識を自覚させるカウンセリング

　こころの傷を癒すカウンセリングは、思いや気持ち、考えなどを傾聴し共感することが中心になる。これは一般に用いられるカウンセリングの手法である。これに対して、罪意識を自覚させる試みは、自分について行動レベルで内省させることが核になる。カウンセリングは行動レベルに焦点を合わせたものになる。生活の中において、主体的に自分の行動を選択できるようにカウンセリングを行う。これは「自己決定」という視点を重視することでもある。そして、その行動の結果を自分の責任として内省させるのである（罪意識とは実際の行動の結果を内省させる中からわき起こってくるものと考えたい。したがって、そこでは「自己決定の原則」が求められるのが理解されよう）。このような自己決定を選択させる上で重要なものは、ある種の権威である。アクティング・アウトをしがちな非行少年に対しては、心理的に圧力をかけ、無思慮な行動を制限するような、いわば外側から枠を与えることが必要になってくる。林（1996）は、現代の少年少女は秩序感覚が乏しいと指摘し、それ故に教育においては父性の観点が必要であることを指摘している。秩序感覚の乏しさという観点からいっても、非行少年の更生のためには父性的な関わりは不可欠だと考えられる。そのためには何らかの権威が必要となる。学校現場などで非行指導が難しいのは、権威の導入が難しいことが一因といえる。ただ、ここで筆者が強調しておきたいのは、権威の必要性を主張するのは非行少年たちの反抗を抑圧するためではないということである。少年たちの気持ちを内面に向けさせる、すなわち内省的な態度で自己決定をさせ、さらにその行為の結果を自らのものとして受け止めさせる上で、権威の導入が必要なのだと主張したいのである。その意味で、筆者とT教諭は家庭裁判所の権威というものを最大限に利用し、それをカウンセリングや指導に生かそうと努めたといえる。

　また、筆者とT教諭の連携について分析すると、家裁と学校が父性的立場と母性的立場を分担したとも考えられる。この連携においては主として筆者は父性的な立場をとるように努めた。そのように分担することで、

T教諭は母性的な指導に専念でき、Cとの信頼関係を深めることができたように思われる。

（5）問題解決の器（うつわ）——新しいコミュニケーション・システム

　さて本ケースをさらに分析すると、次のような構図が形成されたといえる。すなわちT教諭はCとともに考え悩み、その結果の判断を家裁に求めてくる、家裁はCの意志を尊重しながら「自己決定の原則」に則って、それをCに考えさせる。これを繰り返したということである。これは言葉を換えれば「問題解決の器（構造）」、家族システム論的観点からすれば新しいコミュニケーション・システムが構築されたともいえる。カウンセリング過程においては、我々はクライエントから話される個々の話題にどのように対応するかということに気持ちが終始しがちである。しかし、それと同等、もしくはそれ以上に、このような問題解決の器自体を築き上げていく作業が重要であることをこのケースは示唆している。

　なお、加害者意識と被害者意識への対応について、大原（2022）の指摘がある。大原は、「加害者意識の自覚には被害者意識を他者から受容される体験が重要である」として、「個人面接と家族合同面接が組み合わされることで、被害者意識と加害者意識に折り合いをつけ、被害者－加害者関係の修復に貢献すること」の重要性を指摘している。

　本事例も、大原の指摘する「被害者意識を他者から受容される体験」が認められる。本事例の場合は、生徒指導教諭と家裁調査官の対応に相当し、「個人面接と家族合同面接が組み合わされることで、被害者意識と加害者意識に折り合いをつけ、被害者－加害者関係の修復に貢献すること」は、本事例では、個人面接と母親と少年の合同面接、さらに、少年が父親と電話で話をしたこととほぼ同様なプロセスをたどったと考えられ、その意味では、大原の指摘する効果と同様な効果を得たのではないかと考える。

　また、田中（2021）は、加害者へのアプローチとして、「みずからを加害者と認識すること（「加害者性の確立」）そのものが、司法・矯正領域でもDVなどの加害者臨床でも臨床的関与の主たる目標となりうる」と指摘する。そして、「それは、加害行為の事実とその結果（被害者に及ぼした影

表1-1　加害－被害にまつわる現在の問題と心理的な課題

現在の問題	心理的な課題
加害者の更生	加害行為の事実とその結果を見つめる（「加害者性の確立」）。目を逸らしてしまう内省のできなさ、不安や欲求不満を思考ではなく行動化で扱う心的機序についての理解のもと、そうしたパーソナリティの矯正や治療をおこなう。
加害者の中にある 被害体験の取り扱い	過去の被虐待、いじめや暴力などの被害体験は、加害行為にいかに関連している／していないか。被害者が加害者に転ずる機序はどのようなものか。被害体験のケアをどのタイミングで、どのようにするのか（そもそもケアをするのか）。
加害者の中にある 被害者意識の取り扱い	自分（こそ）が被害者だという主観的なとらえ方や感情は、ただ否定してもその変容は困難である。内省を妨げるものとして、被害者意識の性質や起源、および行動化につながる機序を理解しながら、取り扱っていく。
被害者の中にある 加害者意識の取り扱い	親密な関係性において暴力や虐待を受ける経験を通して被害（経験）者が持ってしまうものであり、蒙った被害のケアへと主体を向かわせることを妨げうる。「被害者性の確立」という課題がある。

（田中，2021による）

響）について、目を逸らすことなく自分の問題としてみつめることである。内省力を育む、行動化せずに衝動や不安・欲求不満を思考で扱えるようになる、あるいは怒りのマネジメントという課題でもある。そして『加害者性の確立』には、（略）加害者の中にある被害者性の理解とその扱いが密接に関連している」という。

　これについても、本事例においても「アクティング・アウト」に着目し、その対応に焦点を合わせたもので、田中の指摘するプロセスをたどったと考えられよう。

　田中（2021）は、加害－被害にまつわる現在の問題と心理的な課題として、表1-1のように的確に整理している。

8　非行臨床の鍵──逆説には逆説を

　本章では、非行臨床の難しさの原因を、非行少年の行動化にあると考えた。そして、彼らがアクティング・アウトを繰り返し、内省が深まらない原因は、非行少年たちは加害者であるにもかかわらず被害者意識が強いためだと考えた。そして、少年の自己決定を重んじる家族システムを構築で

きるかどうかが大きなポイントになると論じた。

　このことは次のように考えることもできるのではないだろうか。

　非行少年たちは「加害者であるにもかかわらず被害者意識が強い」とい
う、いわば逆説的な存在である。一方、対応はどうかというと、「行動規
制を課しつつも、自己決定を重んじる」ということになる。これも逆説性
をはらんでいることがわかる。つまり、非行少年たちは「加害者であるに
もかかわらず被害者意識が強い」という、いわば逆説的な存在であるから
こそ、この逆説的存在に対する治療的対応もまた、「行動規制を課しつつ
も、自己決定を重んじる」という逆説的なものにならざるを得ないのでは
ないか。ここに非行臨床の難しさがあり、それは同時に臨床家にとって、
臨床活動を行う上での妙味となるのである。

注

1) 試験観察とは、家庭裁判所が終局決定を先送りし、その間、家庭裁判所調査官の観
　察に付すものである。

2) この事例は村尾（1999a）ですでに公表しているが、すべて固有名詞をA、Bなどの
　匿名表現とし、個人情報は最小限の記述にとどめ、なおかつ、本質が変わらない程度
　に一部を変えるなどの加工を施してある。これらはすべてプライバシー保護の観点か
　ら行ったことである。

3) この事件当時、非行傾向のある少年たちは、額に剃り込みを入れることを好んでい
　た。

第 2 章

非行性の理解と対応

本章では、非行性の理解と対応として、村尾（1994）で考察した「非行性の二次元的理解の試み」を紹介するとともに、さらに被害者意識に着目することの意義と効果についても触れることにする。具体的には、村尾（1994）は、自我の安定度の理解において、福島（1980）のエディプス的反抗と前エディプス的反抗の概念に着目することで、非行性の理解と対応を考察したが、本稿では、さらに被害者意識との関連についても述べることにする。

1　非行性をどのように考えるか

　非行少年の処遇を考える際、非行性をどのように理解するかが大きな問題となる。この非行性を考える前に、なぜ非行少年たちが非行に走るのかについて考えてみたい。従来から非行には大別して二つの考え方がある。例えば、水島（1971）は、非行心理・社会ダイナミックスを非行的集団・文化への準拠もしくは同化に基づく「感染性」のものと、フラストレーションや葛藤などへの補償として行われる「不適応性」のものに二元的に分けてとらえている。つまり、感染性非行と不適応性非行とする考え方である。この二つの考え方は従来非行臨床家にとって一般的な考え方になっている。

　感染性非行とは、簡単にいうと、朱に交われば赤くなるという考え方である。非行集団や非行文化に同化したり、影響を受けたりして、非行をするようになるというものである。

　もう一つは、不適応性非行である。こころの中にあるフラストレーション等への補償として非行が生じるという考え方である。

　非行全般を見渡すと、水島も指摘するように、不適応性非行と感染性非行の「混合型」が多数を占める（水島・宮崎・屋久, 1971）と考えられる。つまり多くの非行は「感染性非行」と「不適応性非行」に厳密に区別できるものではなく、混じり合っていると考えられる。だからこそ、いずれの比重が大きいかは大きな意味を持つ。非行性を考える上で、この二つの考え方は重要である。

2　非行深度と自我状態

　それでは具体的に非行性を考える上で、重要な視点を与えてくれるものとして、安倍淳吉の非行深度論を紹介したい。

　安倍（1978）は、非行者の生活空間の中心が非行との関わりの中で、保護領域から反社会集団へと移行していく段階を四段階に分け、非行深度として示した。青年期における非行深度の概略を次に示す。

深度Ⅰ（アマチュア段階）

　保護領域内で非行が発生し、この領域内に非行がとどまり、この領域を中心にした統制によって非行が阻止できる段階。家庭、学校、近隣を中心とする生活集団の中に問題を持ち、非行準備性が近隣保護社会の中で解発され、行動化される非行段階。

　家財持ち出し、学校内での寸借詐欺、近隣での万引き、自転車盗などがこの段階に相当すると考えられる。

深度Ⅱ（プロ・アマ段階）

　非行者の生活空間の中心が保護領域や近隣集団から離れ、非行集団内に移行しつつあるが、まだ基本的には保護領域に依存している段階。やや手口が専門化し、被害者は加害者の住居地域外の場所や職場、盛り場など、保護領域を超えるようになる。しかし、犯罪に対する職業（稼業）意識やそれへの展望は存在しない。

　盛り場や居住地域以外での万引き、スリ、恐喝、夜盗などが代表例である。この段階では吹き溜まり非行集団が生じやすく、独特の文化的規範や反風俗的慣習や雰囲気を形成していく。

深度Ⅲ（アマ・プロ段階）

　非行者の生活空間の中心が保護領域から離れて不良集団内に移行した段階。しかし、まだ非行が職業化はしておらず、当該不良集団も、職業的犯行集団（ヤクザ等）の周辺部にあるような段階。プロとの接触を持ち、伝

統的手口が学習される。

深度Ⅳ（プロ段階）

　非行が職業化し手口が専門化する段階。家庭など保護領域とは、ほとん
ど絶縁し、家庭からの離脱は長期間に及ぶようになる。成人の支配する反
社会的組織のメンバーになり、手口が専門的で、犯罪を計画的に行い、発
覚防止にも入念な措置をするようになる。

　少年、すなわち成人前の段階にあっては、基本的に深度Ⅳの準備段階に
とどまり、深度Ⅳのものはきわめて少ないと考えられる。

　この安倍の非行深度論は保護領域と反社会集団を対極とする、いわば比
較的単純な尺度を設定しており、そのため非行深度を具体的に明確に把握
しやすく、実務的に高い有効性を持つと考えられる。

　ただ、筆者としては、フラストレーションや葛藤など、非行少年の内的
状態をもっと考えたいところから、この非行深度論に自我の安定度を加味
して、非行性を診断している。

　これは、非行深度と自我の安定度という二つの軸で非行性を検討するも
ので、いわば「非行性の二次元的理解」である（村尾，1994）。

　本章で取り上げた事例は、すべて固有名詞をＡ、Ｂなどの匿名表現とし、
個人情報は最小限の記述にとどめ、なおかつ、本質が変わらない程度に一
部を変えるなどの加工を施してある。これらはすべてプライバシー保護の
観点から行ったことである。

3　非行性の二次元的理解の試み[1]

　さて、非行には感染性非行と不適応性非行の考え方があると述べた。

　筆者はこの感染性非行と不適応性非行を把握するための方法として、非
行性の二次元的理解の試みを検討した（村尾，1994）。まず、この感染性非
行と不適応性非行を把握するには、二つの非行の程度を測る尺度を設定す
る必要が生じると考えてみた。そこで、本稿では、感染性非行の進展度を

測る尺度として安倍の非行深度を用い、不適応状態の深さの程度を測る尺
度として、「自我の安定度」という概念を導入することとした。非行深度
が浅い場合であっても、自我が非常に不安定な場合は、非行の再犯危険性
は高くなり、早急に手当てが必要となる。一方、自我が比較的安定してい
ても、非行深度が深まれば、非行が日常生活に深く入り込んでくるため再
犯危険性はやはり高くなる。しかし、両者では、非行に対する手当ての内
容に大きな違いが出てくるといえる。村尾 (1994) では、「安倍の非行深
度 (感染性非行)」と「自我の安定度 (不適応性非行)」を二つの軸として、
非行性をこの二つの軸 (変数) の関数として理解することを試みた。本稿
では、さらに自我の安定度の診断において、被害者意識に着目することを
提案したい。

自我の安定度

　本稿では、実務に資することを第一の眼目とし、非行臨床や学校教育の
現場など、実務の場で、簡便に非行性の理解についての目安をつけるため
の方法を模索してみたい。そこで、まず、自我状態を「比較的安定」と
「不安定」に分類してみた。そして、「不安定」をさらに反抗形態によって
二つに分類してみた。すなわち、エディプス的反抗と前エディプス的反抗
である。

　さて、非行少年の反抗にも、理由のある反抗と理由のない反抗があるこ
とは理解できるだろう。前者は自分たちを圧迫する者などへのいわば筋の
通った反抗である。辛うじて「理屈」が存在し、(理屈が正しいかどうかは
別として) 反抗に大義のようなものがある場合である。これに対して後者
は、感情に任せて反抗しているだけで理屈はなく、何のために怒っている
のか不明瞭で、しばしば自分でも何に怒りをぶつけているか無自覚な場合
もある。

　福島 (1980) は、反抗の形態を合目的的・論理的なもの (エディプス的反
抗) と、没目的的・非論理的なもの (前エディプス的反抗) に分けて考察す
ることの有効性を指摘した。

　精神分析的には、思春期は第二のエディプス期であり、潜伏期において

表面的には姿を消していたエディプス・コンプレックスが活性化されて反復されることとなり、その完成（解消）を図る時期であるという（例えば、Blos, 1985）。したがって、エディプス的反抗が可能であるためには、幼児期の発達段階で一定の程度のエディプス的刻印付け――すなわちロゴスの刻印――が必要になる。

　福島（1980）によれば、青年期におけるエディプス的反抗（父親反抗）は本能衝動を含むことなく、むしろ世界観的＝イデオロギー的な領域に固定した世代間的反抗が起こると考えられ、一定の論理性と目標指向性を持つのだという。

　これに対して、前エディプス的反抗は、母子関係という二者関係の中に、父親というロゴス機能が侵入することがないままに生じているものであり、没目的的・非論理的な反抗となる。反抗の理由が定かでなく、どういうことをしてもらいたくて暴れているのかわからず、親や教師たちは、話が通じなくて困るような場合が多い。福島は前エディプス的反抗について、「彼らの反抗の意味するものを理解するためには、彼らの言葉に頼るのでは不十分であり、むしろ彼らの中に言葉を育ててゆくとでもいうような作業が必要」「彼らに対しては話し合いや討論をもって解決をはかることはほぼ見込みのない対応であって、反抗の裏に秘められているさまざまな欲求や衝動や絶望感を、治療的な状況の中で正確に感じることが必要不可欠な出発点となるであろう」と指摘している。

　簡単にいえば、筋の通った反抗がエディプス的反抗、たとえ筋が間違っていようと理屈らしきものが存在する場合である。これに対して、筋も理屈もない反抗が前エディプス的反抗である。福島によれば、青年期におけるエディプス的反抗は一定の論理性と目標指向性を持つが、これに対して、前エディプス的反抗は、母子関係という二者関係の中に、父親というロゴス機能が侵入することがないままに生じているものであり、没目的的・非論理的な反抗となるという。反抗の理由が定かでなく、どういうことをしてもらいたくて暴れているのかわからず、親や教師たちは、話が通じなくて困るような場合が多い。したがって、言葉による「訓戒」や「説論」はほとんど有効ではなく、むしろ逆効果になってしまう。

　筆者がなぜこのような反抗形態を持ち出したかというと、その根拠は、実務に資することを第一の眼目としているからである。ここでは非行臨床や学校教育の現場など、実務の場で、簡便に非行性の理解についての目安をつけることができることを最大の目安とした。その理由から、自我の不安定な場合を「訓戒」「注意」などの「言葉による指導」が有効な状態かどうかで分類しようと考えたのである。福島は、前エディプス的反抗について、「彼らの反抗の意味するものを理解するためには、彼らの言葉に頼るのでは不十分であり、むしろ彼らの中に言葉を育ててゆくとでもいうような作業が必要」と指摘している。したがって、教育現場などでは専門機関との連携が望ましい。このような観点から、本稿では、「注意」「訓戒」などが有効か否かを見極めることの重要性を指摘し、その点を一つの指標として、自我状態を理解したいのである。

反抗概念を導入することの根拠

　なぜ「反抗」の概念を持ち出すかであるが、これについては、本稿では、非行は、心理・社会的な産物と理解し、非行には、本質的に、社会や家庭に対する何らかの「反抗」が中核にあると考えるからである。

　非行臨床に携わる者であれば、窃盗一つを取り上げても、その行動に至る心理的な背景には、親や同胞、友人、教師などに対する不満や反抗が隠されていることが多いことは否定できないであろう。

　本稿は、非行が法に対する逸脱行動である以上、法＝社会、社会の縮図としての学校、友人関係、家族などに根ざした不満、不適応、反抗などが（むろん程度の差こそあれ）必ず存在するとの考え方をとるのである。したがって本研究では、「反抗」という概念をかなり拡大して考えており、通常「訴え」と呼ぶようなものまでをも含めている。その意味から、正確には、前エディプス的反抗・訴え、エディプス的反抗・訴えという方が適切ともいえる。

被害者意識と自我の安定度

　被害者意識について福島（1980）の観点から考察してみたい。反抗の背

景には被害感や被害者意識が存在することが多いことは容易に想像できる。非行行為そのものの背景に被害者意識が大きく影響していることは、すでに第1章で詳述した。福島によると、前エディプス的反抗の場合は、「没目的的・非論理的な反抗となる。反抗の理由が定かでなく、どういうことをしてもらいたくて暴れているのか分からず、親や教師たちは、話が通じなくて困るような場合が多い」（福島, 1980）。このことから、前エディプス的反抗の背景にある被害者意識、すなわち前エディプス的被害者意識も非論理的なものになり、訴える被害感の「理由が定かでなく、どういうことをしてもらいたくて訴えているのか分からず、親や教師たちは、話が通じなくて困るような場合が多い」と考えられる。したがって、このような被害感の訴えには言葉による「訓戒」や「説諭」はほとんど有効ではなく、むしろ逆効果になってしまうといえる。

　これに対して、エディプス的反抗の背景にある被害者意識、すなわちエディプス的被害者意識は、「筋の通った」（福島, 1980）被害者意識ということになり、被害者意識に「辛うじて『理屈』が存在し、（理屈が正しいかどうかは別として）大義のようなものがある場合である」と理解される。

　本稿ではあくまでエディプス的・前エディプス的反抗という反抗内容に焦点を当てて、非行をとらえていくのが第一次的な目的であるが、それを診断する上で、被害感・被害者意識に着目することで、反抗を診断する上での補強的な資料になると考えることにしたい。

4　二次元的非行性理解の実際

　ここで、二次元的非行性理解の実際について詳細に論じてみたい。

　横軸に安倍の示す非行深度をとり、縦軸に自我の安定度（さらに反抗概念で分類）をとって図示したものが表 2-1 である。

　ここではこの二次元の座標によって、非行性を理解することを試みたい。右に位置づけられるほど非行深度・非行感染度は深まり、非行が生活化し、手口が専門化するとともに犯罪肯定的な価値観が強固となる。一方、上部に位置づけられるほど自我は不安定となり、精神医学的・心理学的な治療

表 2-1　非行性の二次元的理解

			Ⅰc	Ⅱc	Ⅲc	Ⅳc
（自我状態）	自我は不安定	前エディプス的反抗	Ⅰc	Ⅱc	Ⅲc	Ⅳc
		エディプス的反抗	Ⅰb	Ⅱb	Ⅲb	Ⅳb
	自我は比較的安定		Ⅰa	Ⅱa	Ⅲa	Ⅳa
（非行深度）			Ⅰ	Ⅱ	Ⅲ	Ⅳ

の必要性が高まる。

　これに、具体例を当てはめてみると、非行深度Ⅰcすなわち、非行深度はⅠだが、自我がきわめて不安定なものについては、重篤な心理的問題を有する家庭内暴力が代表例である。次に、自我がきわめて不安定な非行深度Ⅱのもの、すなわち非行深度Ⅱcについては、重篤な心理的問題を有する校内暴力が代表例である。また、単独吸入型のシンナー常習少年もⅠcないしⅡcに相当する場合が少なくないと考えられる。

　経験に基づいて仮説を立てると、自我が比較的安定している状態の場合、深度ⅡとⅢの間に、一つの壁があると考えられる。つまり、自我が比較的安定している者は、非行からの立ち直りも良く、まずⅢまで移行することは稀といえる。したがって、Ⅲまで移行する場合は、家庭内に深刻な紛争が激化するなどの混乱した環境の変化が生じ、それにより、自我に葛藤状態が生じるなどの状況の変化が起こったような場合が考えられる。

　同様に、自我が不安定で前エディプス的反抗（訴え）が認められる場合も、やはり、ⅡとⅢの間に、一つの壁があると考えられる（自我の問題が深刻な場合、ヤクザにせよ、どのような集団にせよ、規範を持った集団にはうまく適応できないと考えられる）。したがって、彼らがⅢへと移行する場合は、むしろ自我はある意味で発達し、反抗形態も多少エディプス的なものに変化したと考えられる。ヤクザにはヤクザとしての一定の規範があり、彼らがそれを受け入れたということは（論理が未熟かどうかは別として）ある一定のロゴスを持つに至ったと考えられるのである。

5 非行性診断上の具体的視点

非行深度の診断上の具体的視点

　表2-2は、新田健一らが作成した男子少年用非行性進度判定表である（森, 1986による）。男子に限定的ではあるが、この表には、各非行深度の特徴が的確に整理されており、具体的なケースをこの表に従って各項目ごとに比較検討することは、非行深度を診断する上で、きわめて有効と考えられる。

　そこで、ここでは、この表を補う上での視点を記述することにとどめたい。なお、新田の表では、非行性進度と表現されているが、文脈から考えて、これは安倍（1978）の非行深度に対応すると考えてよいと考える。また、段階Ⅰ、Ⅱ、Ⅲ、Ⅳと表記されていることに対しては、阿倍の深度Ⅰ、Ⅱ、Ⅲ、Ⅳに対応していると考える。

　本稿では、非行深度の診断上の視点として、a）無断外泊・夜遊び、b）交友の質、c）学業・職業、の３点を指摘したい。

a）無断外泊・夜遊び

　無断外泊や夜遊びの多発は、家庭の保護能力を診断する上での一つの現れとして考えることができる。

　非行深度がⅠからⅡへと移行するにつれて、生活空間の中心が保護領域から不良集団へと移行していくのであるから、無断外泊や夜遊びが多発する。まず、この点が特徴的となる。

b）交友の質

　さらに深度がⅠからⅡへと移行するにつれて、生活の変化は交友関係にも現れる。交友関係の範囲が学校外へ、さらには、不特定多数の交友へと広がる。もはや、父母は、子どもが誰と交友しているのか把握できなくなる。また、少年自身も、交友相手のことを親しげに愛称で呼ぶが、よく聞いてみると、少年はその相手のことをほとんど知らず、甚だしい場合は、どこの誰だかも知らないといった奇妙な交友となっていることが少なくない。

表 2-2　男子少年用非行性進度判定表

項目／段階	段　階　Ⅰ	段　階　Ⅱ	段　階　Ⅲ	段　階　Ⅳ
生活資源	生活費の全部を、保護者の当然の負担か本人の勤労収入によって、またはその両方でまかなっている。	大部分はⅠ段階によっているが、不足分を保護者への強要や一時的不労収入または不当収入でまかなっている。	大部分を断続的に保護者への強要や不労収入または不当収入でまかなっている。	継続的に不当収入でまかなうか、保護者以外のものに寄食している。
保護領域からの離脱度	保護者と日常の接触が保たれ、その中で安定している。	離反と親和または依存の状態が交替し、不安定である。	接触はわずかに保たれているが、常習的にまたは相当期間離脱し、容易に復帰しない。	長期間離脱し、ほとんど絶縁している。
日常の集団所属性	同年輩のものとの交際がほとんどないか、保護者（保護社会）が許容しているグループ内の交際にとどまっている。	保護者（保護社会）が問題視している青少年グループや生活不安定な青少年・成人と接触している。	青少年の常習的逸脱集団に所属しているか、成人の反社会的組織の末端と接触している。	成人が支配する反社会的組織のメンバーになっている。
処分歴	補導歴もないか、あっても処分を受けたことがない。	在宅処分歴または罰金刑を受けたことはあるが、収容処分歴はない。	収容処分歴が1回ある。	収容処分歴が2回以上ある。
非行の動機・原因	本人の側に非行誘発の蓋然性がほとんど認められず、外部条件に大きく左右された。	本人の側にも非行誘発の蓋然性が認められ、日常の不安定要因が外部条件で誘発された。	本人の側に非行誘発の蓋然性がかなり認められ、日常から不安定要因がめだっていた。	本人の側に非行誘発の蓋然性が十分に認められ、日常から非行の危険性がきわめて大きかった。
非行手口	非行に至るまでの準備段階がほとんどなく、状況依存的、即行的、あるいは錯誤による。	手口は単純だが、ある程度の準備段階を経ている。計画性はなく手口はきわめてしろうと的、あるいは直前になって非行を準備した。	手口がやや複雑になり、かなりの準備段階を経ているが、はっきりと計画的であったとはいえない。積極的非行場面を誘致しているが、十分な計画性もなく、成行きまかせである。	手口が専門的で非行場面を計画的に誘致し、発覚防止にも入念な措置をしている。
共犯関係	単独非行しかしていないか、または普段は比較的問題性の少ないグループの非行に一員として加わった。	問題性が多い青少年グループまたは非行前歴者が混えたグループに一員として加わったが、その中でリーダーの役割はしていない。	問題性が多い青少年グループまたは非行前歴者が混るグループのリーダーとしての役割を果したか、成人の反社会組織の末端で使役的役割を果した。	反社会的組織内部の一員として非行をしたか、選択的に単独非行を繰返していた。

さらにⅢ・Ⅳへと進むにつれて、不特定多数との交友の一方でヤクザなどの特定の犯罪集団との関係が生じ、その特定の関係が強まっていく。

c）学業・職業

深度が深まるにつれて、学業や職業は長続きせず、徒食状態に入るようになるが、Ⅱの段階ではまだかなりの面を家庭に依存しているので、親から小遣いを求めたり、家財持ち出しを行ったり、友人宅に寄宿して生活を維持するが、Ⅲの段階に入ると、犯罪行為によって生活費をまかなう割合が大きくなり、小遣いに窮すると簡単に万引きなどの窃盗に走り、計画的な侵入盗へと発展するようになる。Ⅳになると、非行が職業化し、ヤクザの組事務所からの小遣いや犯罪で得た収入で生活するようになる。

非行深度の深まりは以上のような点に集約されると考えることができる。

自我状態の診断にあたっての実務上の視点
現実検討力と情緒の統合性

自我の機能は、内的な欲求と外的現実との間での葛藤を調整する機能として理解される。ベラック（Bellak, L.）によれば、自我の機能は次のように分類される（深津，1992）。

（1）現実検討　（2）判断　（3）現実感　（4）思考過程　（5）自律的な自我機能　（6）刺激防壁　（7）欲動、感情の統御と調整。

自我機能の低下は、これらの機能の低下として現れると考えられるが、本稿では、非行臨床の場での指標として、とりわけ、現実検討力と情緒の統合性を取り上げたい。

河合（1969）は、クロッパー（Klopfer, B.）の自我機能発達の考え方を紹介しているが（図2-1）、この図に従えば、現実吟味（現実検討力）と情緒の統合性が、自我機能の二つの柱として理解されていることがわかる。自我の不安定さは、現実検討力の低下と情緒の統合性の低下として表れるといえよう。

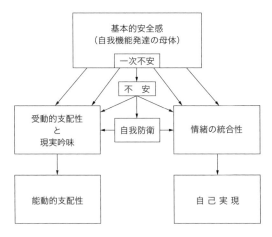

図 2-1　自我機能発達の図式

(Klopfer)

　現実検討力が低下すると、幻覚、妄想など奇異な言動が認められるようになるが、非行少年の場合、ある程度の心理的な健康さを保っていることが多いので、自我の安定度を見る場合、とりわけ、情緒の統合性が指標として有効となる。

　つまり、感情・情緒のコントロールがうまくできているかという観点である。コントロールがうまくできていない場合、感情易変性が激しく、些細なことで涙を見せたり、立腹したり、焦燥感を表しやすくなる。被害者意識について敷衍すると、被害感も論理性を失い、きわめて不安定なものとなる。

　さらに付け加えると、自我防衛機能が的確に機能しているかの観点も重要である。すなわち、神経症的な防衛機制を常用していないか、その防衛が失敗に終わっていないか等である。

　それを踏まえて、カーンバーグ（Kernberg, P. F.）の指摘が参考になろう。

　自我の不安定さは自我機能の弱さの表れとも考えられるが、カーンバーグは、自我の弱さ（ego weakness）について、一般的な現れとして目立つのは次の 3 点としている（馬場, 1983）。

（a）不安への耐久力が欠如していること。

（b）衝動統制力が欠如していること。

（c）昇華の経路が発達していないこと。

これらは自我の機能が低下している場合に認められると考えられる。

反抗形態（前エディプス的反抗とエディプス的反抗）の診断

エディプス的反抗は、根底に抑圧があり、それに対する葛藤に基づく反抗である。

これに対して、前エディプス的反抗は、原始的防衛機制などが表れている。つまり、分裂Splitting、原始的理想化、投影同一化などである。

したがって、（1）少年たちの反抗や訴えが論理性や目的性を備えているか、（2）何をしてもらいたくて反抗しているのかを自覚しているか、（3）反抗の理由が明確か、などという視点とともに、このような独特の防衛機制が認められるか否かも診断の重要なポイントとなる。つまり、（4）依存する教師などへの甘えの態度と攻撃対象となる教師などへの態度とが著しく対照的となっていないか、同一人物に対して、強い依存と強い攻撃というアンビバレンスが認められないか（分裂の機制）、（5）対面中、一方的に、理解に苦しむような攻撃を向けてこないか（投影同一化）、などである。

▎6　事例による検討

それでは、実際の事例に当てはめて、この二次元的理解の方法を検討してみたい。

非行深度Ⅰc（自我がきわめて不安定な深度Ⅰ）

少年A　15歳

〈非行前歴〉

家裁は初回係属。

〈非行内容〉

ぐ犯（家庭内暴力）

中3頃から友人Yの影響で喫煙が始まり、Yの無免許運転する原付の後部に同乗したりするようになった。非社交的であったために、友人もYに限定的だった。中学卒業後、定時制高校に進学するとともに自動車修理工場に就職したが、高校は5月に「不良が多くて恐ろしい」と中退。職場も8月に辞めた。元来、わがままで自分の思い通りにならないと母に暴言を吐いてわがままを押し通していたが、職場を辞めてからは、いっそう家族への傍若無人さが激しくなり、思い通りにならないと、カッター・ナイフや果物ナイフ、バット等を使って「殺すぞ」と母や兄を威嚇してまでもわがままを押し通し、家財の持ち出しを繰り返すようになった。

〈家族〉

実母（59歳、パート就労の掃除婦）、異父姉（34歳、会社員、大学中退）、異父兄（31歳、内職、拒食症）。

実父は少年1歳時に死亡。姉と兄は母の連れ子。（姉と兄の父は、母の内縁の夫であった。同人は母より33歳年上、母が19歳の時の雇い主である。妻子があったため婚姻できず内縁となった。同人死亡後、母はAの実父と結婚したが、Aが1歳の時に実父は死亡。その後、母には新たに内縁の夫ができたが、やはり死亡。）

母は娘時代に肺結核だったこともあって、親からわがまま一杯に育てられ、また、夫や内縁の夫からもわがままを許容してもらっていた。そのためもあってか、Aのわがままも安易に許容（その結果、例えば、Aは偏食が極端）。子どもに対し、気紛れに過保護・過干渉に接し、養育態度は一貫性がない。母はもともと勤労意欲に乏しく、以前は働くことを回避していた。性格の偏りが著しい。

姉はきちんと就労しており、勝ち気でAに対する厳しさも持ち合わせている。Aは、姉が怖いので、姉には面と向かって悪口を言えない。

兄は精神疾患（拒食症・軽度の精神分裂病と診断されている）で通院。外出すると不安のためパニックを起こす。そのため、家に閉じこもっている。母とともに、Aの八つ当たりの被害者になりやすい。

〈面接結果〉

　少年鑑別所での面接では、Aは「お母さんに会いたい」と泣き出し、「食事が咽を通らない」と訴えた。

　一方、母はAの暴力を必要以上に脅えているような印象を受けた。そのような脅えた姿が、Aをますます刺激し、暴力をますます増長させていると思われた。

　Aの友人はYなどに限定されている。Yから喫煙や無免許運転を教わったという。AはすでにYとは交際していないと述べた。対人関係は希薄で孤立している。家庭外では気が弱いために自己主張ができない。

　少年鑑別所では、母に迷惑をかけたことを謝罪し続け、審判で在宅試験観察となって家に戻ったが、いったん家に戻ると、すぐに家庭内暴力が再燃した。

　母への態度は強い依存と激しい憎悪が入りまじっており、べったり甘えるかと思えば、自分の要求が受け入れてもらえないと激怒し、暴れ回った。また、自殺したいとの訴えも繰り返した。

　母の対応ぶりも極端で、Aが自分に甘えている時は調査官に「あの子はとても良い子になりました。もう大丈夫です」と言い、暴れ始めると「私は、もう耐えられません」と強く突きはなすような態度をとった。その落差があまりにも大きく、奇異な印象すら持たれた。そのような両極端な訴えを調査官に交互に繰り返し、母の性格にも深い問題性を感じざるを得なかった。

〈非行性の理解〉

　非行は家庭内暴力と原付の無免許運転に限定されている。友人Yは高校生であり、非行が進んでいる者ではない。いわゆる非行集団と関係があるわけではなく、非行文化が浸透してはいない。非行深度はⅠと考えられる。

　問題は自我の不安定さである。

　少年鑑別所で泣き通しであったことからも示されるように、情緒の統合性は非常に低い。母に対する訴えは利那的であり、暴力や反抗は合目的的ではない。その場その場の気分で行動しており、要求が受け入れられない

と感情が爆発する。母へは強い依存と激しい憎悪を繰り返しており、アンビバレントな感情が激しく、その激しさから分裂Splittingの防衛機制も疑われる。家族以外との対人関係がほとんど持てないのも特徴的である。反抗形態は前エディプス的と考えられる。被害感も論理性を失っており、感情の赴くままの被害感である。

非行深度Ⅱc

　次に、自我はきわめて不安定で、非行深度は少し進んでいる事例を検討したい。

少年B　14歳（中2）

〈非行前歴〉

　家裁は初回係属。

〈非行内容〉

　ぐ犯（校内暴力・シンナー乱用）

　対教師暴力を繰り返し、先輩たちとシンナー遊びをしているところを警察に見つかり、少年鑑別所に入った。

　Bは、中1の時に不良傾向のあるSと同じクラスになり、Sに友人がいなかったのでBはかわいそうに思い友達付き合いをするようになった。BはSとの付き合いで恐喝などをするようになったが、その一方で、Sのシンナー遊びや不良交友を改めさせようと努力もしたという。ただ、Bは小学校時代から性格に融通性が乏しく、自分の考え方に固執し、感情が不安定になりやすい。そのことも災いして、中1の3学期に教師から自分の考えと相容れない注意などを受けたことを機に暴れ回るようになり、中2の10月に教師に暴力を振るったことが一つのきっかけとなって、怠学や地元の不良たちとの交友が深刻化。シンナー遊びも重ねるようになった。

〈家族〉

　実父（45歳、会社員）、実母（41歳、無職）、実兄（17歳、高2）。

　父は仕事で多忙なため、子どもとの接触が乏しく無口。厳格で、少年、兄ともに父を恐れている。母は生真面目で過干渉。Bは内気で言いたいことがうまく表現できず、「何か言いかけても母から一方的に話をされ、言

いたいことをこころの中にしまいこんだ（本人談）」。兄は少年にとっては強い存在。「喧嘩してもいつもやられてしまう（本人談）」。

　母によれば、少年は小学校時代は優しい子で、ガンバリ屋だったという。

〈面接結果〉

　少年鑑別所で会ったBは、まだあどけなさの残る童顔であった。教師によれば、「Bは女の子に優しく、体を子どものように擦り付けるような仕草が見られ、スキンシップを求めているのではないか」とのことであり、その一方で「いったん、感情を害すると手がつけられないくらいの興奮状態となり、少し（精神的に）おかしいのではないかと疑われるくらい」とのことであった。

　Bは友人Sのシンナーを止めさせるように努力したのに、自分がシンナーを吸うようになり、たいへん後悔していると訴え、審判では在宅試験観察となって家に戻った。

　しかし、試験観察（第1章注1参照）の経過を見ると、Bには感情易変性が激しいことが、面接場面でも明らかになった。

　教師への暴力の背景としては、自分が他の生徒と差別されているという、いわば被害者意識が原因になっているようであった。

　教師については、自分を受け入れてくれる教師といわゆる敵である教師とを激しく峻別しており、その落差の大きさは特徴的であった。

〈非行性の理解〉

　シンナー遊びや恐喝等の非行が進展しており、地元の不良の年長者との交友が深刻化していることから、深度はⅡ。自我の安定度は非常に不安定である。特に感情易変性の激しさが特徴的であり、自分を受け入れてくれる者と、そうでない者に対する姿勢に大きな落差が認められた。友人に対する思い入れが激しく友人を非難されることに激しく反発。面接時、調査官が友人のことを非難するような姿勢を少しでも見せると、表情を豹変させ、逆に、調査官を怒らせる言動に終始し、その挑発に少しでも乗ると机を叩いて暴れ始めた。そして、興奮状態の後は、激しい落ち込みが認められた。訴える被害感・被害者意識も論理性を失っていた。

　このようなことから、Bの反抗には自己破壊的な様相があることが疑わ

れた。

Bの父母は道徳的に潔癖であることから、Bには「道徳的であらねばならない」という気持ちと、そのような道徳的な拘束から逃れたいという相反する気持ちが交錯していると理解された。孤独で哀れなSへの同情（おそらく自己イメージの投影）と、自分を受け入れてくれない者への激しい敵意という、落差のある態度の交錯から、やはり分裂Splittingや投影同一化的な心理機制も疑われ、反抗は多分に自己破壊的であり、合目的的なものではない。前エディプス的と理解された。

非行深度Ⅱb

自我は不安定だが、反抗形態のレベルがエディプス的な反抗形態であるケースを検討したい。

少年C　17歳（ボーリング工）

〈非行前歴〉

窃盗2回、原付の無免許運転2回の家裁係属歴が認められる。

〈非行内容〉

（暴走・傷害）

Cは暴走族の総隊長。「○○グループ（対抗する暴走族グループ）つぶし」の目的で集合し、自動二輪車を無免許運転して暴走。対抗グループと間違えて一般車両を金属バットや木刀で襲撃、怪我を負わせたもの。

〈家族〉

実母（40歳、会社員）との二人暮らし。同胞はいない。

父母はCが小学校時代に離婚。Cは母に育てられた。しかし、定期的に父との接触を続けてきている。父は家代々の商売を引き継いでおり、いわゆるボンボン育ち。父は自分に甘いが、同時にCにも甘い。母は「厳しさに欠けた父親の分まで厳しく育てようとの気持ちで養育」したが、結果として過干渉になってしまった様子。Cは父を「だらしのない人物」と批判的に話す。

〈面接結果〉

Cは中学校卒業後、高校に進学せず。転職を重ね、徒食時代もあったが、

半年くらい前から、ボーリング工の仕事に就いた。

性格はわがままで、自分本位の価値観を押し通そうとする。1年くらい前から暴走族○○のアタマ（リーダー）となった。

母子の心理的な密着が強いが、中学時代から母の支配的な姿勢を重荷に感じるようになり、ひいては教師など、自分に対して権威的に威圧するものに対し徹底的に反発するようになった。いわゆるつっぱりの強がった態度を押し通し、弁も立つことから、次第に暴走族の中でも目立つ存在になっていった。しかし、内面は非常に脆く、弱い内面を「自分はシンナーのような悪いことはしない。自分のやっていることは大して悪いことではない」と自分本位の価値観を強調して支えたり、あるいは、仲間集団に囲まれることで自分の弱さを埋め合わせてきたと考えられ、そのことは、少年鑑別所に入ってその支えが崩れると、一気に弱さが露呈したことからも窺われた。少年鑑別所の中では、暴走族のリーダーとも思えないような弱々しい態度を露わにし、面接中、涙を見せることも多かった。

〈非行性の理解〉

暴走族のリーダーであり、間接的に暴力団ともつながっていることが窺われた。シンナー遊びはしないと述べていたが、窃盗や傷害に対する安易な姿勢が認められる。非行深度はⅡないしⅢと考えられる。

自我状態については、かなり不安定で、情緒の統合性も悪い。しかし、少年A、Bとは様相が異なっていることが理解される。

まず、権威的なものに徹底して反抗するという、いわば、反抗に一貫性が認められる。また、「シンナーはやらない」と強調するように一定の規範性を備えていることである。

「だめな親父だ」と非難していることからもわかるように、父親をめぐる問題が心理的な問題の中心にあるようである。エディプス的な反抗の色彩が認められる。この少年の「自分はシンナーのような悪いことはしない」という主張、また「教師など、自分に対して権威的に威圧するものに対し徹底的に反発する」という反抗の背景にある被害感・被害者意識についても、「ひどい教師、社会（本人談）」に対する被害感・被害者意識であり、一定の論理性・方向性のようなものが表れているといえる。

非行深度Ⅱb

もう一例、エディプス的反抗の事例を挙げたい。

少年D　17歳（配管工）

〈非行前歴〉

窃盗や無免許運転（原付、自動二輪）の家裁係属歴が4回あり、すでに保護観察を受けている。

〈非行内容〉

（傷害）

暴走中の傷害事件である。暴走に参加するのに、自分の自動二輪は壊れていたので、ガソリンスタンドで自動二輪に給油していた「弱そうな男」を見つけ、強引に暴走に誘って暴走に参加。Dは後部に同乗した。無燈火で信号無視、蛇行、広がり走行などを繰り返したが、走行中、急にトラックが左折したので、ぶつかりそうになった。それをきっかけにトラックの同乗者と喧嘩になり、傷害を負わせたもの。

〈家族〉

実父（49歳、会社員）、実母（45歳、スーパーマーケット・パート勤務）、実兄（大学2年生）。

父は努力家だが、仕事でエネルギーを使い果たし、家では無口（調査官には雄弁）だが、元来、対人接触を好まず、一人でいることが好きだという。生真面目だが、そのために自分の考えを少年に押しつけることが多く、Dは「自分を理解してくれない」と父に反発があった。母は口数が少なく、自己表現が苦手。その点で少年と似ている。物事に白黒をはっきりつけることを好み、勝ち気。兄は有名大学の学生であり、いわゆる優等生タイプ。父母の期待を一身に集めてきた。しかし、「性格に幅がなく（父母）」考えや行動は杓子定規。Dは小さい頃から兄に劣等感を持ち続けてきた。Dと兄はお互いに口をきかない。

〈面接結果〉

中学時代から不良交友が深刻化するが、これは、自分を理解してくれない父への反発や、優等生の兄への反発が中核にあることが窺われた。つまり、「努力家で真面目な父＝優等生の兄」というものへの反発が中核にあ

ると理解された。少年鑑別所で面接した時点では、Dは仕事がすでに定着化しつつあり、それだけに今回の逮捕はショックであったと語った。また、親方や職場に迷惑をかけているとの気持ちも訴えていた。

〈非行性の理解〉

　非行集団との関わりも深いことから、非行深度はⅡないしⅢ。

　成績の良い兄と比較されて育ったためにひがみやすく、自分の気持ちは家族には理解されないという被害感が強い。そのために捨てばちな気持ちになりやすく、気分の変動は大きい。粗暴な言動も多く、自我状態は不安定と考えられる。

　しかし、この少年の場合は、反抗に一つの明白な図式が認められる。すなわち、父・兄からの圧迫に対する反発という図式であり、暴走などの非行も、この図式から派生していると考えると理解しやすい。また生活の流れも、この図式と関連している。例えば、仕事が定着してきた背景として、親方（心理的には父親的人物といえる）との間に良好な関係を樹立してきており、その情緒的な交流の中で、（逮捕・拘留され）親方や職場に迷惑をかけているという気持ちが芽生えてくるに至っている。そして、そのことに裏打ちされてか、面接が深まる中で「もしかしたら、自分のことを一番わかってくれるのは父ではないかと最近思うようになった」と調査官にもらし始めるに至っている。この少年の場合、反抗は父への反抗であり、心理的な成長のステップであったともいえる。その意味で、反抗は自己破壊的なものではなく、合目的的なものといえ、エディプス的な反抗形態と理解されるのである。

　被害感・被害者意識も「父・兄からの圧迫に対する反発」と語られるように、一定の論理性、方向性が認められる。

7　二次元的理解による処遇の検討

　本稿では、非行性を非行深度（非行感染度）と自我安定度という二つの尺度によって二次元的に理解することを検討してきた。いわば、二つの尺度の関数として非行性をとらえる試みを検討したわけである。

そこで、次に、この二次元的理解から導かれる処遇について考察したい。

非行深度（安倍）が深まるにつれて、反社会的な価値観が定着してくると考えられるので、この非行深度の深まりに対応する処遇は、犯罪肯定的な価値観の是正が中心課題となる。

一方、自我の不安定度が高い者の処遇は、自我機能の回復が中心課題となる。これには精神医学的・心理学的な治療の必要性が指摘される。そしてこの場合、反抗（訴え）が前エディプス的かエディプス的かで言語による訓戒・説諭が効果があるか否かの見通しがつく。すなわち、自我機能の回復の必要性と犯罪肯定的価値観の是正の必要性から処遇を検討するのであり、さらに詳しく述べると、どちらがどのくらい必要かという観点から処遇を検討することになるのである。この場合、訴える被害者意識（被害感）にも、注意深く耳を傾けることによって、エディプス的か前エディプス的かを吟味する上での補強材料になることが理解できる。

このように考えると、逆説的に、深度Ⅰなどの比較的浅い深度の者への対応に慎重さが求められることがわかる。つまり、自我が比較的安定している深度Ⅰの者では、説諭や訓戒などでよい場合が多いが、自我が不安定である深度Ⅰの者では、精神医学的・心理学的な治療の対象となると考えられ、この場合、少年法に定められている保護処分が妥当性を欠く場合が多く、「その他」の処遇をしなければならなくなるからである（例えば、医療機関への連絡、試験観察など）。

我々が段階的に処遇を考える場合、まず審判不開始、次に、不処分、保護観察、少年院送致という考え方をとりやすいが、このような考え方は、犯罪肯定的な価値観を是正することを主眼にしたものではないかという疑問が生ずる。言葉を換えると、自我機能の回復についての観点は非常に乏しいのではないかとの疑問である。

今日、神経症的な不登校や家庭内暴力といった心理的な問題の深い少年が増えてきているが、このような少年を前にして、我々が処遇選択に頭を抱えることも、実のところ、このためではないかとも思われるのである。

ところで、非行臨床に携わる者にとって、古くから議論されてきている問題にダブルロールの問題がある。簡単にいうと、非行少年に対して、非

行処遇機関は、さまざまな行動規制を課することが多いが、一方で治療というものは、それが対象者の心理的な成長を目標とするものであればそれだけ、同人の自由意志の尊重が原則とされ、この行動規制と自由意志の尊重の両要請の相克が、常に臨床家を悩ませ続けてきているというのである（井上，1980）。

　この問題に対しても、この二次元的非行理解は新しい視点を提供するように思われる。犯罪肯定的な価値観が著しい場合は、その価値観の是正のために、場合によっては、収容処遇によって行動を制限する必要も出てくることも理解できるし、また逆に、自我の不安定が著しい場合は、精神疾患に対する治療法と同様、本人の気持ちの受容が優先されることが理解される。要するに、行動規制と受容は問題性に応じて考慮されるべきものであり、肝心なことは、その双方の必要性の割合を理解することであると考えられるのである。

　非行全般を見渡すと、水島ら（1971）も指摘するように、実際には不適応性非行と感染性非行の「混合型」が多数を占めると考えられ、このような場合、不適応性非行と感染性非行の混合の割合が処遇を考える上で重要であるといえよう。

　その意味で、非行深度（感染性非行に対応）と自我安定度（不適応性非行に対応）の二つの軸の関数として非行性を理解し、その割合をつかむことは、処遇を考える上で有効である。

　今、少年には何が必要なのか。価値観の是正が優先されるのか、それとも、自我機能の回復が優先されなければならないのか。訓戒や注意が有効なのか。

　このような具体的な処遇目標等を設定する際、二次元的非行理解によって、自我機能の回復の必要性と犯罪肯定的価値観の是正の必要性の双方を量的に把握することは、実務上かなり有効なのではないかと考えられる。

8　二次元的理解における被害者意識の 活用について

　非行少年たちが反抗する場合、一般的に自分の被害感・被害者意識を強調する場合が多い。そのため、少年の反抗の質を吟味するために、被害者意識に着目することは非行性を理解する上で、十分活用できると考える。本稿ではまず、福島 (1980) のエディプス的反抗と前エディプス的反抗の概念を非行性理解に用いることの有効性を検討してきたが、同様に、被害感・被害者意識についても、エディプス的あるいは前エディプス的の概念を適用できると考えてよいのではないだろうか。福島によると、前エディプス的反抗の場合は、「没目的的・非論理的な反抗となる。反抗の理由が定かでなく、どういうことをしてもらいたくて暴れているのか分からず、親や教師たちは、話が通じなくて困るような場合が多い」(福島, 1980)。また、福島によれば、「青年期におけるエディプス的反抗は一定の論理性と目標指向性を持つ」という。

　このことを被害者意識に適用して考えると、論理性と目標指向性を持つか否かが、エディプス的か前エディプス的かを検討する時のキーポイントになるといえる。

　このことから、被害者意識についても、前エディプス的な被害感・被害者意識は、論理性が欠損し、非論理的なものとなり、訴える被害感については、「理由が定かでなく、どういうことを求めて訴えているのか分からず、親や教師たちは、話が通じなくて困るような場合」が相当するといえる。したがって、このような被害感・被害者意識の訴えを繰り返すものは、言葉による「訓戒」や「説諭」はほとんど有効ではなく、むしろ逆効果になってしまうといえる。

　これに対して、エディプス的な被害感・被害者意識は、「筋の通った」(福島, 1980) 被害者意識ということになり、被害者意識にある程度「理屈」が存在し、「(理屈が正しいかどうかは別として) 大義のようなものがある場合である」と理解される。

　「被害感・被害者意識にある程度、筋が通っているか、要求に現実性が

あるか」など、その被害者意識の質を吟味していくことは、その反抗の質を検討する場合の補強材料として十分に役立つものと考えることができる。反抗と被害者意識は表裏をなすものと考えてもよいのではないだろうか。

　具体的な事例でこの点を考えていきたい。

　本研究で取り上げた事例（1）深度Ⅰc（自我がきわめて不安定な深度Ⅰ）の少年A、15歳（男子）の事例である。

　非行内容は、ぐ犯（家庭内暴力）である。

　この事例は前エディプス的反抗と診断された事例である。詳細を見ていく。

　「少年鑑別所で泣き通しであったことからも示されるように、情緒の統合性は非常に低い。母に対する訴えは刹那的であり、暴力や反抗は合目的的ではない。その場その場の気分で行動しており、要求が受け入れられないと感情が爆発する。母へは強い依存と激しい憎悪を繰り返しており、アンビバレントな感情が激しく、その激しさから分裂Splittingの防衛機制も疑われる。家族以外との対人関係がほとんど持てないのも特徴的である。反抗形態は前エディプス的と考えられる。被害感も論理性を失っており、感情の赴くままの被害感である」。

　ここには、反抗同様、被害感・被害者意識にも論理的な一貫性はない。被害感・被害者意識も前エディプス的と考えてよい。この被害感・被害者意識の診断が、反抗形態が前エディプス的という内容を補強することになる。

　このように反抗形態と被害感・被害者意識は、ある程度、対になって生じるので、被害感・被害者意識の診断は反抗形態を診断する場合に有力な情報を与えてくれる。

　第1章で述べたように、被害感・被害者意識に着目することは、非行そのものの理解を深め、また非行少年の心理的支援にも指針を与えてくれる。このことは重要である。

　村尾（1994）は、非行理解において、反抗形態に着目することの有効性を指摘したが、その後の臨床活動、研究活動を続ける中で、被害者意識に着目し、反抗形態と合わせて検討することの有効性を指摘する結論に至っ

たことを述べておきたい。すなわち、被害者意識だけ、あるいは反抗形態だけに着目することを指摘しているのではなく、被害者意識と反抗形態の特質、双方に注目し、それらを合わせて検討することの有効性を指摘したいのである。

注

1）「3　非行性の二次元的理解の試み」および「4　二次元的非行性理解の実際」「5　非行性診断上の具体的視点」「6　事例による検討」は、村尾（1994）に加筆修正を加えている。

第 3 章

非行臨床の方法（1）
精神分析とユング心理学

本章では、筆者の非行臨床の技法論を述べる。特に、精神分析とユング心理学に焦点を当てる。技法の概要を述べつつ、被害者意識にも言及することにする。

　なお、本章で扱う筆者の事例は、すべて固有名詞を表記せず、個人情報は最小限の記述にとどめ、なおかつ、本質が変わらない程度に一部を変えるなどの加工を施してある。これらはすべてプライバシー保護の観点から行ったことである。

1　非行臨床と精神分析

　筆者は、精神分析とユング心理学、家族療法の三つの視点で、非行臨床を展開してきた（村尾, 2012）。精神分析は、筆者の非行臨床の土台であり、まず最初にトレーニングを受けた心理臨床の基礎に当たる。この心理臨床実践の中から、家族を対象にした非行臨床の着想を得たが、ここでは、まず、精神分析の考え方と筆者の考える非行臨床の関連性を述べてみたい。それは自我防衛を非行臨床の考え方からとらえ直すことにある。まずは、アンナ・Oの症例（Freud, 1895）を例にとって、具体的に説明してみたい。

（1）自我防衛論と非行行動

　フロイト（Freud, S.）は自分（自我）が受け入れられない欲動や体験などを意識から排除するメカニズムを解明した（西園, 1981）。これは抑圧というメカニズムである。意識から排除しても完全に消えて無くなったわけではない。それらは無意識の領域に放り込まれるのである。そして、それらは無意識の領域にとどまり、しばしば神経症などの問題を引き起こす要因となるのである。

　フロイトが後に精神分析を確立する土台になった症例を紹介したい。アンナ・Oの症例である。これはフロイトが扱った症例ではない。フロイトの先輩に当たる医師、ブロイアー（Breuer, J.）が扱った症例である（西園, 1981）。

　要点のみを書くことにするが、アンナは当時、コップに口をつけて水を

飲むことができないという症状に苦しんでいた。理由はなぜだかわからない。しかたなく、水分は果物によってとっていた。ところが、この症状が消失する出来事が起こった。

　アンナは催眠状態の中で、突然、ブロイアーに次のようなことを語ったのである。

　「自分にはイギリス人女性の家庭教師がいる。私はこの婦人が嫌いだ。ある日、この女性の部屋に行ったら、この女性がかわいがっている小犬が『コップに口をつけて』水を飲んでいる光景を目撃した。その瞬間、あんなはしたない振る舞いはすまいと思った。何とも言えない不快感！　私はその時の不快感を誰にも一言もしゃべらなかった」

　このことをきっかけに、アンナは今までにこころにわだかまっていた不快感をあらいざらいブロイアーにぶちまけた。そして、急に「水が飲みたい」と言い出した。コップで水をがぶがぶ飲んだアンナは、コップに口をつけた状態で催眠から覚めた。その後、この「コップで水が飲めない」という症状は消失したのである。

　「この方法（症状の意味を含んでいる無意識過程を患者に意識化させる方法）をブロイアーが最初に発見した。この方法は今日でも精神分析の基礎になっている」（乾, 1977）。

　これは後にフロイトが精神分析を生み出していく上で重要な症例となった。

　つまり、フロイトは症状の形成と消失について、次のように考えるようになるのである。我々は自分で耐えられないような出来事や自分では受け入れられないような欲求を意識から排除して無意識へと放り込んでしまう。それが結果として症状を形成する。しかし、その無意識へと排除されたものを意識化することで症状は消える。

　フロイトは無意識の領域に追いやられたものを意識化すること、すなわち、意識の光を当てることによって、神経症は治癒されると考えた（西園, 1981）。無意識下に追いやられた、いわば闇の怪物を意識によってしっかりと見据えることで神経症は治ると考えたのである。

　ただし、フロイトは抑圧されることはもっと幼少期の体験であること、

性的なものの抑圧が重要になることを後に強調していく。

(2) 症状あるいは問題行動の意味と自我の防衛機制

さて、もう一度、症状の形成過程を振り返ってみよう。

アンナはコップで水を飲めなくなっていたが、催眠状態の中でブロイアーに、嫌いな家庭教師の飼っている犬がコップで水を飲んでいたところを見たこと、それが非常に不快であったことなどを話し、症状が解消してしまう。これは不快な体験を意識から無意識へと排除してしまったことが原因で生じたと考えられた。このようなことを抑圧と呼ぶ。このことも含めて、自我が自らを守るために行うメカニズムを自我の防衛機制と呼ぶ。つまり、「自我が不安や葛藤、あるいは受け入れがたい感情体験などを処理するのが『防衛機制』である」（牛島, 1996）。

さて、ここで問題になっている症状とはいったいどのようなものなのか。症状はその人にとって苦痛の種だったり、円滑な生活を妨げるものだったりする。つまり、社会適応を妨げるものである。端的にいえば、本人にとって嫌なものである。早く取り去ってもらいたいものである。この点については異論がなかろう。

しかし、ここで見方を少し変えてみたい。

なぜ症状が形成されるのか。

それは自我が耐えられないような体験、あるいは自我が耐えられないような欲動などがあるからである。自我が耐えられないが故に、それを抑圧したり、その他の防衛機制を使って自我を守るのである。その結果、症状が形成される。これは見方を変えれば、自我は症状を形成して自らを守っているといえる（村尾, 2014）。

(3) 自我防衛論と非行臨床

ここでこの「自我は症状を形成して自らを守っている」ことに注目してみたい。そして、もう一ひねりして考えてみることにする。

非行のある子どもを想定してみよう。そして、症状を非行行動に置き換えてみることにする。

　自我は症状を形成して自らを守っている。そうであるとしたならば、この非行少年は「非行行動によって自分（自我）を守っている」と考えることができるだろう。

　では、その子どもが非行によって自分の何を守ろうとしているのか。それを考えていくことは非行臨床家にとって大きな意味を持つのではないだろうか。筆者の非行臨床論はまさにここに基本的な立脚点を置いている（村尾，2014）。それでは、非行と家族の関連性について、目を転じてみたい。

事例　母子家庭の子どもばかりの非行グループ（村尾，2012）[1]

　主に粗暴行為を繰り返す14歳の少年のケースである。彼の背後には不良グループがあり、このグループの存在によって不良行為がエスカレートしていた。彼と面接を繰り返すうちに、彼の所属する非行グループが母子家庭の少年ばかりのグループであることが浮かび上がってきた。面接の中で彼はこう言ったのである。

　「親父のいない気持ち（苦しみ）は、普通の家庭の奴らには絶対わからない」。

　この気持ちを理解してくれるのは、このグループだけだというのである。だから、この少年はこのグループとの不良交友をやめられないのである。このグループは一般的にいうと良くないグループである。しかし、彼にとってみれば、自分の気持ちをわかってもらえる唯一のグループであり、倒れそうになる自分を支えてくれるのもこのグループ。この非行グループに所属し、同じような非行行動をとることによって、彼は何とか倒れずにいるといえる。つまり、このグループに支えられて、彼はようやく立っていられるのである。

　だとするならば、彼のこの気持ちを理解し、支えてくれる存在ができれば、このグループに頼らずにすむわけである。このケースでは、非行臨床家はそういう存在として機能すること、すなわち「親父のいない気持ちは、普通の家庭の奴らには絶対わからない」という気持ちをしっかり理解し、「わかってくれる人もいるのだ」という気持ちになってもらうことが重要

になるのではなかろうか。

　さて、少年が「非行行動によって守る」対象をその子どもの内面だけでなく、家族へと拡大してみよう。

　その非行少年は、非行によって、家族の何かを守ろうとしているのではないか。

　それはいったい何なのか。

　こう考えていくと、これは家族支援的なアプローチへとつながっていく。

事例　非行をして捕まる時だけ家族が家族になる（村尾, 2012）[2]

　12歳の少年である。万引きなどを繰り返し、何度も警察に捕まることを繰り返している。きょうだいはいない。彼の父母は不仲で、普段はほとんど口をきかない。

　彼によれば、家族はバラバラである。そして、彼が警察に捕まり、親が引き受けに行った時だけ、「俺のことで、父ちゃんと母ちゃんは話をするんだ」という。

　彼は非行によって家族が崩壊するのを防いでいるといえないだろうか。筆者は彼の内面に、このような無意識的な動機があるのではないかと考える。しかし、早い段階で、このような解釈を入れても、彼は受け入れないだろう。場合によっては一笑に付すだけである。

　筆者はねばり強く面接を繰り返しながら、信頼関係ができあがった段階で、「君は、非行をすることで、家族がバラバラになるのを防いでいるみたいだね」という解釈を入れた。

　彼は少し微笑んで深く頷いた。それから彼と筆者との信頼関係はいっそう深まり、彼は家族に対する思いをさまざまに話し始めたのである。

　つまり、彼の「非行行動」が「家族がバラバラになることを防ごうとしている」という意味を持つと筆者は理解し、また、彼のこころの中にもそのような思いがあることを共感し合ったのである。

　彼の「非行行動」が「家族がバラバラになることを防ごうとしている」という意味を持つものならば、別の方法で、家族がバラバラになることを防ぐことができれば、彼がそのような「非行行動」をとらなくてもよいこ

とになるのではあるまいか。

　筆者は、彼のこの思い、すなわち、彼は「家族がバラバラになることを防ぐために非行をしていた側面がある」ことを家族（父母）に伝えたところ、父母も深く感じ入り、彼に対する見方を変え、自分たちの姿勢を改める方向（家族を再構築していく方向）で変化したのである。

　このように、筆者は、非行行動が持つ肯定的側面（この事例でいえば、家族がバラバラになることを防ぐ）を理解し、非行行動をとらなくても、無意識的な意図を実現できるように家族・少年と話を深めて、できることを促していく。これが、筆者の非行臨床の原点である。

　非行行動は悪いものだから除去してしまえという考え方もあろう。例えば、行動療法の発想をとれば、非行行動は間違った学習によって得たものと考える。そして、その行動を消去しようという発想である。

　しかし、自我防衛論から導かれる考え方はそうではない。非行行動も自我を守っているという考え方である。

　非行行動は完全な悪であろうか。筆者はそうは考えない。非行行動によって守られているものが必ずある。例えば、非行集団は一般的に考えれば悪の集団である。しかし、前述のケースのように、自分一人では生活に耐えられないような少年たちが集まって集団を形成しているとしたならば、少年たちは非行集団によって支えられていることになる。では、集団によって何が支えられているのか。それが問題なのである。支えられているものを見出し、その手当てをいかに行うかこそが、非行臨床の仕事ではないだろうか。非行行動は否定的側面のみではなく、非行少年にとっては必ず肯定的な側面を有している。非行行動によって守られているもの、支えられているものは何なのかを理解していくことこそ、重要なことではなかろうか。

（4）被害者意識との関係

　さて、このような自我防衛論に立脚した非行支援の考え方においては、症状の「肯定的側面」に注目することが重要である。これは、非行行動を症状と等価に考え、家族に与える非行行動の肯定的側面に着目することが

家族支援の重要な視点になるということである。非行行動の背景には被害者意識があることは第1章で述べた。ここでは、非行行動の肯定的側面に着目する場合には、非行少年の被害者意識に着目することで、具体的な示唆が得られることに注目すべきであることを指摘したい。

　例えば、「母子家庭の子どもばかりの非行グループ」の事例においては、父親がいないことについての苦悩があり、母子家庭の子どもが抱く共通の被害感や被害者意識が存在することが理解される。また、「非行をして捕まる時だけ家族が家族になる」事例においては、彼が警察に捕まり、親が引き受けに行った時だけ、「俺のことで、父ちゃんと母ちゃんは話をするんだ」というが、この少年が感じている苦悩は、家族が崩壊するのではないかという不安であり、その背景には家族が的確に機能しないことに対する被害感・被害者意識がある。

　このように非行行動の背景には必ず被害感・被害者意識が存在する。したがって、この被害感・被害者意識を手掛かりにして、支援の対象になる非行行動の意味を検討することが、重要な意味を持つ。つまり、被害感・被害者意識に着目することによって、被害感・被害者意識の背景にある「苦悩」をとらえることができ、支援の手掛かりが明確化されうるのである。

　被害者意識に着目することは非行臨床・非行の心理的支援を行うにあたっての方向性や示唆が必ず得られるといっても過言ではない。

　非行行動の肯定的側面を理解していく考え方は、ユング心理学の中にも認められる。

　次に非行臨床とユング心理学について考えていきたい。

▋ 2　非行臨床とユング心理学——影の心理臨床

影と非行臨床

　ユング心理学の中で、非行臨床と関わりが深いのは「影」の考え方である。

　河合（1994b）によれば、「影」とは「その人によって生きられなかった

半面」ということになる。

　「人はそれぞれその人なりの生き方や、人生観をもっている。各人の自我はまとまりをもった統一体として自分を把握している。しかし、一つのまとまりをもつ、それと相容れない傾向は抑圧されたか、取りあげられなかったか、ともかく、その人によって生きられることなく無意識界に存在しているはずである。その人によって生きられなかった半面、それがその人の影であるとユングは考える」（河合，1994b）。

　「影」とは、言い換えれば「自分の意識では認めがたい自分で、たえず直接的、間接的に自分に迫ってくるすべてのことをいい（中略）たとえば、自分の認めがたい性格や劣等なところ、両立しがたい思いなど」（東山，2002）である。

　ここで東山（2002）の示す夢を手掛かりに「影」を理解してみたい。

事例　順調にエリートコースを歩んできた男性の夢（東山，2002）

　　大きな犬を連れて散歩している。雨が少し降っている。そこへ濡れそぼったみすぼらしい黒い小さな犬が自分にじゃれついてくる。はじめはそのまま放っておいたが、そのうちにチクチクと自分のアキレス腱をかみ始める。痛いのと腹が立ってきたのとで、けとばそうとか、連れている大きな犬をけしかけようかと考えたが、どこからかこの黒犬は自分にとって大切な犬だとの考えが浮かんで、そのまま、アキレス腱をかまれながら散歩を続ける。

　東山（2002）は、この黒犬がこの人の影を表しているというのである。

　人間はある生き方を選ぶと、それとは違う生き方はできない。彼が連れている大きな犬と比べ、黒犬は何とみすぼらしい犬であろう。彼は自分の中のみすぼらしい嫌な部分を切り捨ててきたのだろう。あるいは従順で力のある部下を重用し、そうでない部下を切り捨ててきたのかもしれない。

　彼の無意識は、彼のこれまで順調だった人生に、暗雲が立ち込め出したことを伝えている。今まで省みなかった自分や他人をこれ以上邪険にする

とアキレス腱をかみ切られる目に遭うことを、夢は予感しているのである。

　このクライエントは、今まで弱い人、だめな奴と思っていた人たちに対しての態度を変えた。その人たちこそ大切なのだと夢から悟ったからである。そして、周囲に対して親切になり、感情的に怒ることが大幅に減った。こうして人生の難局を乗り切ったというのである。その意味でまさに人生の転機になった夢である。

　つまり、「影」とは、その人が抑圧して無意識の中に排除した自分、意識として生きてくることができなかった自分ということになろう。この「影」を人生の中に統合することが大きな意味を持つというのである。

　さて、この「影」と非行臨床の関連性について検討していきたい。

「影」の投影

　「影」と非行臨床の関連を考える上で重要なものは「投影」という心理機制である。

　我々人間は誰しも影を持っているが、それを認めようとすることをできるだけ避けようとしている。その方策として最もよく用いられるのが、「投影」の機制であろう。投影とはまさに自分の影を他人に投げかけるのである。

　カウンセリングの場面では、影の話題がよく出てくる。自分の周囲にいる「虫の好かない」人を取り上げ、それをひたすら攻撃する。自分はお金のことなどあまり意に介していないのだが、同僚の○○はお金にやかましすぎる。彼はお金を人生で一番大切と思っているのではないか、などと一生懸命訴えるのである。彼は金のことならどんなことでもするのではないか、などという時に、その人の示す異常な熱心さと、その裏にちらりと不信感がよぎるのを、我々は感じるのである。このような話し合いを続けていくと、結局は、この人が自分自身の影の部分、お金の問題をこの人に投影していることがわかり、この人がもう少し自分の生き方を変え、影の部分を取り入れてゆくことによって、問題が解決され、○○との人間関係も好転することが多いのである（河合，1994b）。

　河合（1994b）は、この投影の理解についての一連のプロセスを「投影

のひきもどし」と呼んでいる。これは「その人物に対して投げかけていた影を、自分のものとしてはっきりと自覚」することであり、「投影のひきもどしは勇気のいる仕事である」と締めくくっている。非行臨床においてもこの「投影のひきもどし」が重要な仕事になる。具体的に考えていきたい。

親から子どもへの投影──親の影を生きる子ども

　非行臨床をしていて痛感するのは、親の影を肩代わりさせられている子どものケースが多いことである。いわば、親の影を生きている子どもたちである。

　例えば、宗教家、教育者といわれる人で、他人から聖人、君子のように思われている人の子どもが手のつけられない放蕩息子であったり、犯罪者であったりする場合がある。警察官の子どもが非行少年というのもこれにあたる。

　こういった親は自分の中の否定的なものを切り捨てて生きている。正しい生き方が強調されている分、影も深い。子どもはその影を生きることによって、家族中はバランスがとれている場合が少なくない。

　親がこういった人格者ではなくても、非行少年には多かれ少なかれ親の影を生きる側面がつきまとう。筆者の臨床事例を次に示す。

事例　エリートサラリーマンと良家の子女の夫婦（村尾，2012）[3]

　中2の男子のケースである。父親は一流大学を卒業した一流企業のサラリーマン、母親も良家の子女である。父母ともに海外生活の経験がある。父母の実家は双方ともに文化的に高い雰囲気を持っている。

　一人っ子であるこの中2男子は、もともとは親の言うことをよく聞く子どもだったという。父親はこの子どもへの対応は厳しく、激しい叱責と体罰もしばしばであった。この生徒は中2頃から急に親への反抗が激しくなり、いわゆる不良仲間と深夜遊び、早朝帰宅などを繰り返すようになったのである。自転車盗、万引きを安易に繰り返し、複数の傷害事件を引き起こすに至った。

彼は「早く家を出て、友人と3人でとび職をして暮らしたい」と述べた。母親はこの少年の生活志向を全く理解できないと嘆いた。

この少年には親の影を生きている姿が見て取れる。

事例　叔父との関連で子どもの非行を嘆く母（村尾, 2012）[4]

小3と小5の男子兄弟である。2人に万引き、家財持ち出しなどの非行行動が出てきた。カウンセラーが親と子どものカウンセリングを続ける中で、母親には犯罪を繰り返した弟（子どもからすれば叔父）がいること、母は弟への恐怖心が強く、いつも自分の子どもに対して「弟（叔父）のようになっては困る」と心配し続けてきたことが明らかになった。カウンセリングの中で、母親は弟（叔父）と子どもを重ねて見てしまうことを自覚し、子どもの非行行動は改善された。

この事例は、やや複雑な影の投影である。母親は弟に自分の影を投影する。それが、必要以上に弟を恐れるという思いに反映されている。弟を通して、いわば増幅された自分の影を子どもに投影していることになる。

影の投影と非行

では、なぜ影の投影と非行が関係するのであろうか。

親は自分の影を見たくないものとして、無意識の中に封じ込めている。ところが、子どもの言動に、これに関連するようなものが見て取れた場合、親は必要以上に、子どもの言動を「悪」とみなし、必要以上に叱責等を繰り返すことになる。子どもにしてみれば納得のいかないことである。客観的には大して悪いことをしていないのに、必要以上に親から否定的な対応を受けるからである。

これは問題行動と激しい叱責の悪循環に拍車を掛けることになる。

被害者意識との関連について

ここで注目したいのは、非行事例においては影の投影に際して、背景に被害者意識が存在していることが多いことである。

「叔父との関連で子どもの非行を嘆く母」の事例においては、「弟（叔

父）のようになっては困る」という不安が語られるが、この背景には、この叔父から受けた被害感・被害者意識が大きな影響を与えていることがわかる。「エリートサラリーマンと良家の子女の夫婦」の事例では、父母が切り捨ててきた影（この場合、非行文化・非行少年イメージ）を少年に投影し、現実以上の被害感を感じ、逆に、少年の非行をエスカレートさせている。少年は、父親の体罰や母親の無理解に強い被害感を感じ、父母は少年の行動に親として被害感を深め、親の投影する影と少年の被害者意識、また父母の被害者意識が交錯し、複雑にそれらが絡まっていくのである。

　被害者意識と非行は表裏の関係になるのである。

投影についての非行臨床技法

　さて、ここで重要になるのが、「投影のひきもどし」（河合，1994b）である。「ひきもどし」が成就するためには、親が自分の影を自覚し、自分の中に統合することをしなければならない。これは相当に辛い仕事である。カウンセラーとしては、この「ひきもどし」を通して、親の成長を見守ることになる。そして、「投影のひきもどし」は、子どもに対して、影の呪縛からの解放を意味する。この解放を通して、子どもも成長するのである。

　このように「投影のひきもどし」はたいへんに辛い仕事になる。場合によっては、親がそれを全うできないこともある。その場合は、子どもを守り、子どもに、その子らしい考え方、生き方をサポートしていくカウンセリングを行うことになろう。

　投影の機制で少し複雑なのは、「白い影の投影」の問題である（河合，1994b）。個人の生きてこなかった半面は、必ずしも悪とは限らない。例えば、他人に対する親切さを抑圧して生きてきた人は、その「親切」という白い影を他人――例えば教師に――投影する。この場合も投影は現実を超えたものとなって、ほとんど絶対的な親切心をその教師に期待することになる。ところが実際にその教師が期待通りの親切さを示さない時――そんなことはできるはずはないのだが――、すぐにその人を不親切な人だと言って非難する。このようなことは案外多い。白い影の投影は他人に良い面を期待するように見えながら、結局はその人をすぐに攻撃することにな

るが、その際も、当人は自分の責任ということ、自分の影を背負っていることについては、全く無意識であることが特徴的である（河合, 1994）。

　このように理想化した対象像を相手に投影し、結果的に、その相手に裏切られた思いを強くして攻撃するというのは、非行少年に頻繁に認められることである。第2章で述べた二次元的非行性理解において、自我の不安定な状況を示す一つの指標でもある。

　この過大な期待と攻撃に近似したものに、極端な投影同一化がある。これも上記のような自我の不安定さを示す一つの指標である。

　このような投影のひきもどしが非行臨床の中心的な技法になるといえる。

　筆者はこのような精神分析と分析心理学（ユング心理学）を基盤として非行臨床を行ってきたが、具体的な臨床技法は面接だけではなく、箱庭療法、描画法など、表現療法の技法を非行臨床に適用する努力を続けてきた。箱庭療法、描画法などは、イメージを扱うアプローチであり、ユング心理学的な視点が有効と考えられるものでもある。第4章において、これについて具体的に述べていきたい。

注
1）～4）いずれも村尾（2012）において公表したものだが、すべて固有名詞を匿名表現とし、個人情報は最小限の記述にとどめ、なおかつ、本質が変わらない程度に一部を変えるなどの加工を施してある。これらはすべてプライバシー保護の観点から行ったことである。

非行臨床の方法（2）
表現療法と非行臨床

1 表現療法と非行臨床
——箱庭療法とMSSM法を中心に

　筆者は第3章で述べたように精神分析と分析心理学（ユング心理学）を理論的基盤として非行臨床を行ってきたが、具体的な臨床技法は面接だけではなく、箱庭療法、描画法など、表現療法の技法を非行臨床に適用する努力を続けてきた。

　ここでは、筆者の箱庭の使用について、とりわけ非行少年への箱庭の適用について考慮すべき点を明確化しながら、箱庭療法の非行臨床への適用を論じ、さらに、村尾（2020b）を下敷きに、自閉症スペクトラム障害の疑いと診断された犯罪少年への表現療法的なアプローチの有効性と、発達障害の非行行動と本論文のテーマである「被害者意識」の関わりを論じたい。

　なお、表現療法という名称だが、一般的には芸術療法という名称を使うことが多いが、ここでは、山中（1999）の指摘に従って表現療法という名称を使用する。

　山中（1999）は次のように述べている。「私が『表現療法』と呼ぶものは、(中略) クライエントが『表現』することによって、自らを露にしたり、追及したりすることを手段とする、『心理療法』のことをいう」[1]。

（1）非行臨床の特殊性

　ここでは、ダブルロールの問題を念頭において、非行臨床への箱庭の適用を検討してみたい。

　第2章で述べたように、非行少年の治療についてはダブルロールという「古くて新しい」問題がある（井上，1980）。非行少年の治療においては少年の行動規制を課す役割と、少年の自由意志を尊重するという二つの役割が求められ、その相克に非行臨床に携わるものはしばしば困惑させられるのである。繰り返しになるが、この問題を確認してみたい。

　井上（1980）はこの問題について次のように述べている。

　これこそ非行者処遇の歴史のなかで、もっとも古くて新しい問題
の筆頭であろう。（中略）非行のゆえに対象者となった人びとに、
権威機関は本人の意に反してさまざまな行動規制を課すことが多い。
一方治療者は、それが対象者の心理的成長を目標とするものであれ
ばそれだけ、同人の自由意志の尊重が原則とされ、この両要請の相
克が常に臨床家を悩ましつづけているものである。問題はこの二つ
の要請をいかにうまく調和させうるかということにつきる。

　この問題は、行動規制を課す、つまり枠を与えるということと、自由を
与えるということの問題である。筆者はこの問題を（1）「枠と自由の問
題」（村尾，2008a）としてとらえてみた。
　もう一つの問題はアクティング・アウト（行動化）である（村尾，2008a）。
信頼関係が深まり、非行少年の内省が深まってくると、非行少年たちはし
ばしば、激しいアクティング・アウトを行う。つまり、面接によって内省
しこころを整理して問題解決を図るよりも、アクティング・アウトを起こ
し、信頼関係を破壊し、内省的態度も放棄してしまうのである。非行がし
ばしばアクティング・アウトの病理と表現される所以である。筆者はこの
問題を（2）「アクティング・アウトの問題」として非行臨床の重大な問題
と考えている（村尾，2008a）。
　さて、筆者は主としてこの二つの問題を念頭に置きながら、箱庭療法の
非行臨床への適応を模索してきた。
　ここでは、このダブルロールの問題を中心に、箱庭療法の非行臨床への
適用を考えてみたい。
　さて、この問題を考えるにあたり、筆者はこのダブルロールの問題をさ
らに次の二つの具体的な問題として考えてみることにした。
　第1は、ダブルロールを行動制限、つまり枠を与えることと、自由を与
えることの問題として考えることである。第2は、ダブルロールの問題を
「アクティング・アウトに対する対応の問題」として考えることである
（村尾，2008a）。

(2) 枠とアクティング・アウト

　村井ら（1987）は、「少年事件に箱庭を活用するに際して最も配慮を要する困難な事柄は、アクティング・アウトをいかに御していけるかということである」と述べている。

　アクティング・アウト（acting out）とは「多くの場合、衝動的で、主体の通常の動機付けの大系とは比較的つながりがなく、主体の活動の傾向からも比較的隔たりがあり、しばしば自己ないしは他者に対する攻撃性を帯びる諸行動。抑圧されたものの浮上のしるし」（ラプランシュら，1977）とされている。アクティング・アウトの特性として、衝動的で、自他に対する攻撃性を帯びた行動であることが挙げられ、非行行為自体もまた、多分にその要素を含む。アクティング・アウトを伴いやすい非行少年に箱庭を実施することは、非行少年のアクティング・アウトを強化してしまうのではないかという危険性が危惧されることとなる。例えば、箱庭で暴力的なシーンを作った場合、この暴力のテーマを現実生活で展開しないか、そのようなアクティング・アウトを誘発しないかといった不安が生じるのである。村井ら（1987）は、この危険性を指摘し、それに対して、箱庭の「枠」に注目している。この「枠」とは、砂を入れる箱の外壁ともいうべき「枠」である。村井らは「箱庭の枠は、本来自我領域を守るとりでの意味を持つが、非行少年の箱庭は、砂箱の枠を突出するかのような強力な動きを、直線的に示す作品が現れやすく、力の運動が目立つ」とし、枠の問題に注目することの大切さを強調している。

枠の効果

　では、枠にはどのような効果があるのだろうか。中井（1970；1972）による描画の枠づけ法の検討から、（描画の）枠には「クライエントを保護すると同時に、表出を強いるという両価性がある」ことが指摘されており（例えば、伊藤，1992；皆藤，1994など）、箱庭における枠にも同様な意味があることが考えられよう。

　枠づけ法とは、提示する紙に四角い枠を描いて、その中に描画させる方法である（図4-1参照）。

図 4-1　枠づけ法（フリーハンドで枠を描いて提示する）

　さて、これに関連して病態水準の重い症例の場合に、独自に作られた枠
強調砂箱が臨床場面で用いられている例がある（武野，1985）。この枠強調
砂箱は、標準の大きさを「1 割縮小し高さだけ高くした」（武野，1985）も
ので、枠の強調である。この場合の枠は「表現を強いるというよりもむし
ろ逆にそれを抑制する効果の方が強く、だからこそ分裂病者にとっては保
護的でありうる」という。また井原（1996）によれば枠を強化することは、
イメージの世界としての箱庭の存在を強化し、実際に現実としてある世界
との距離を置く効果があるのだという。この見解に従うならば、枠を強化
することによって、アクティング・アウトを起こしやすいとされる非行少
年に対し、箱庭での体験を現実生活へ持ち込むようなアクティング・アウ
トを抑止する効果が期待できるのではないだろうか。

　このようにアクティング・アウトと枠についての配慮は非行少年への箱
庭の適用を考える上で大きな課題となると筆者は考える。では、どのよう
に枠を強化すればよいのだろうか。ダブルロールをどのように考えればよ
いのだろうか。ここでは、このような非行臨床の特質を考慮しつつ、事例
を検討し、箱庭をどのように適用するかを考察したい。

（3）非行臨床における箱庭の実際

　筆者は長年、家庭裁判所で非行少年に箱庭療法を適用してきた。筆者の行ってきた箱庭の適用について簡単に触れておく。

　筆者は試験観察などの、比較的長期間にわたって継続的に関わることのできる場合に箱庭を適用することが多かった。

　箱庭を心理テストだと考える人が多いが、これはあまり好ましいことではない。あくまで心理的な援助の技法と考える方がよい。箱庭はセラピストとクライエントとの信頼関係を樹立するのに非常に有効な技法である。特に、言語表現の苦手な非行少年にとっては効果が大きい。

非行少年への導入

　筆者はまず少年や保護者と面接をする。その後、少年を箱庭のある別室へ連れていく。筆者は面接とは別の部屋で箱庭を行うという点にこだわってきた。箱庭が「生活指導」の一環であるとの印象をまずは払拭したかったからである。家庭裁判所調査官であるので、面接の際は、非行指導や生活指導の役割もとらねばならない。そのような雰囲気とは切り離したところで箱庭を行いたかったのである。その他にも理由はあるが、それは後述する。

　箱庭のある部屋では、「面接で疲れただろう。砂遊びでもして、気分転換をしていかないか」などと言葉を掛け、少年の緊張感をとり、リラックスするように導く。もちろん少年が箱庭を行いたくないようであれば無理には勧めない。あくまで「気分転換」であり、「遊び」であることを印象づけるようにする。

　筆者は、少年が箱庭を制作している時は、少年のかたわらにあって筆者自身もくつろぐように心がけた。そして、「この（箱庭の）枠の中では何を作ってもよい。何をしてもよい」というメッセージを言葉だけでなく態度や雰囲気で少年に伝えるようにした。

　ここでは「枠の中では」ということを大切にした。少年たちは家庭裁判所の監督下に置かれている。実生活の中では「何をしてもよい」ということはありえない。非行指導ではさまざまな制約や規制が必要になる。そん

な非行臨床にあって、この「枠の中では何をしてもよい」というメリハリを重んじたのである。

　筆者の治療者としての役割は、箱庭の「枠の中」では何をしてもよいという「自由と安全」を保障することであった。そして、制作する過程を見守りながら、作ろうとしている少年の気持ちや少年の考えを汲み取り、共感しようと努めた。また、できあがった箱庭を少年と一緒に味わうことを大切にした。

MSSM法

　MSSM法とは、山中（1984：1992）が考案した心理臨床の手法で、詳細な表記は「相互スクリブル物語統合（mutual scribble story making）法」（山中，1984）である。方法はウィニコット（Winniccot, D.W.）の行ったなぐり描き法（スクイッグルsquiggle法）を行い、それを物語で統合するものである。

　MSSM法とは、「この方法を、何枚かの用紙とせず、通常の八つ切りの画用紙1枚に統合し、これに中井の枠づけ法を採用し、クライエントに6～8コマくらいコマどりをしてもらってから始める。じゃんけんで順番を決め、次いで相互に投影を繰り返して彩色し、最後に投影されたすべてのアイテムを用いて物語を完成させる。つまり、投影で拡散した無意識からの産物を、『ことば』すなわち意識の糸でつなぎ留めるのだ、と考えたわけである。と同時に『物語』を作る、ということで、クライエントの『ストーリィ』を語ってもらう。つまりクライエントの、夢に似た内的神話の一端を垣間見る方法とした」（山中，1992）ものである。

　筆者は、ここで紹介した箱庭やMSSM法などの表現療法を非行臨床に適用してきたのである。

（4）非行事例において箱庭の果たす役割（非行臨床に箱庭を適用する意義について）

　筆者は事例研究（村尾，2008a）を通して、非行臨床に箱庭を適用することの有効性を次のようにまとめているので、紹介したい。

まず第1は、箱庭は、対象少年（女子少年A子）への関わりの基本的姿勢を考える上での指針となったことである。例えば、第1回箱庭で、筆者が、（箱庭の内容の理解から）「A子が立ち直りの気持ちを持っている」「調査官との試験観察に（真っ黒なトンネルに入るような）不安を感じている」と理解したことは、A子への関わりの基本的な指針を与えてくれた。つまり、A子の立ち直りの意欲を共感し、それを温めていこうという姿勢である。

　第2は、箱庭は、言語以外のメッセージを伝えてくれることである。対象少年A子は口数も多くなく、いわばぶっきらぼうな対応をする女子少年であり、箱庭を通しての非言語的なコミュニケーションの果たした役割は大きい。

　そして第3は、箱庭が調査官の不安感を軽減し、調査官を支える資源になったことである。在宅試験観察[2]に携わると、非行少年たちが立ち直っていく過程において、かえって生活が乱れることがあることをよく経験する。立ち直る前の産みの苦しみともいうべき生活の乱れである。したがって、生活が乱れている場合、それが立ち直りに向かうがゆえの生活の乱れなのか、自滅的あるいは自己破壊的な生活の乱れなのかを見極めることは、非行臨床家にとって最も重要な仕事の一つであろう。この点において、箱庭が果たした役割は非常に大きかったと強調したい。（村尾, 2008a）

(5) 非行臨床におけるアクティング・アウトの受け止め方

　笠原（1973）は、アクティング・アウトには退行的な要素があることを指摘した上で、「すべての退行的脱現実的アクティング・アウトの中には、やがて当面せざるをえない現実に向けての実験、試行錯誤をみることもできる」とし、さらに、「青年の退行は、きたるべき『前進』のための前段階として、発達のためにポジティヴな意味を持つ」ことを強調する。

　筆者はアクティング・アウト（生活の乱れ）が立ち直りのための苦悩の表れであるのか、自己破壊的なものなのかを見極めることの

重要性を指摘したが、この見極めは、静的な評価ではなく、動的な
関わりに左右されると考えている。つまり、たとえ前進のためのア
クティング・アウトであったとしても、周囲の環境が支持的でなけ
れば、容易に自己破壊的なアクティング・アウトに転化してしまう
ことをしばしば経験しているからである。このアクティング・アウ
トの理解において、箱庭は大きな役割を担う。村尾（2008a）のケー
スの場合、A子の生活の乱れは、すでに試験観察開始後、約1か月
頃から始まっている。そして、乱れた生活は3か月以上も続くので
ある。しかし、この間、箱庭から読み取れるメッセージは、決して
悪いものばかりではなかった。例えば、箱庭3では泥棒が出てくる
が、これがユーモラスな人形を用いており、トリックスターを彷彿
とさせたし、箱庭4では前述のSOSのメッセージであり、問題を
吐露した面接の箱庭6ではパワーシャベルで公園を作るのである。
このような肯定的な手応えは、非行少年を見守る者には得難い支え
となる。A子の生活の乱れ、いわば苦悩が、前進を指向しているこ
とを箱庭を通して、受け止めることができたと実感しているのであ
る。（村尾，2008a）

　ここで退行について、付言しておきたい。退行には大別して二つの退行
が存在するといわれている。クリス（Kris, 1952）は「自我のコントロー
ルを失った病的な退行と、自我のコントロール下にある退行を区別し、特
に芸術家が創作過程において用いる自我の状態を『自我による自我のため
の退行』という概念によって捉え」、さらに、この自我のあり方をシェー
ファー（Schafer, R）は「創造的退行」と名付けた（清原，2017）。すなわち
退行にはポジティブな内容を持つものが存在することはかなり以前から知
られており、表現療法（芸術療法）である箱庭療法には創造的退行を促す
機序が生起しているといえる。表現行為には創造的退行が生じることは、
身近な場面でも報告されている。例えば、寺川ら（2018）の中学校美術・
陶芸授業の粘土細工、河原（2015）のゼミの基礎作りでのファンタジーグ
ループ（特に、フィンガーペインティング）などである。

笠原（1973）は「青年の退行は、きたるべき『前進』のための前段階として、発達のためにポジティヴな意味を持つ」と主張するが、このことは、村尾（2008a）のケースにおいては、ある面では箱庭療法がもたらす一種の創造的退行とも関係しているとも考えられた。

（6）非行臨床の特殊性と箱庭の意義
適用上の留意点
　村尾（2008a）は、実践例における箱庭療法の適用について、「枠と自由の問題」「アクティング・アウトの問題」という二つの観点から箱庭の適用を考えたが、それは筆者の非行臨床への箱庭の適用についての原点であり、その後も実践している。それらを整理してみたい。

その１　面接室と箱庭の部屋を分離する
　まず保護者・少年をともに面接し、そこではある種の厳しさをもって生活指導をする。その後、別室に少年のみを移動させ、箱庭を施行する。これは箱庭を現実世界とは次元を異にする空間として自覚させることを意図している。箱庭の部屋では、もっぱら少年にリラックスさせることに専念し、ここでは、生活指導をする調査官の顔とは違った顔を見せることになる。筆者はさらに箱庭の「枠」を強調し、「この箱庭という『枠』の中では自由であり、何をしてもよい」ということを少年に伝えることを心がける。

その２　箱庭に題名をつけさせる
　少年が箱庭を作り終えると、筆者は少年に題名をつけさせる。これは、箱庭が終了し、箱庭があくまでフィクションであることを自覚させる作業である。題名をつけることで、箱庭を客観視できるようになる。これもアクティング・アウトを回避する配慮である。

その３　箱庭終了後、クライエントを別室に移動させる
　一連の箱庭が終了すると、さらに少年を別室へ誘導する。これは、ファ

ンタジーの空間、すなわち箱庭の世界から日常生活への移行を意図している。箱庭の部屋とは別の部屋で、保護者とともに、日常生活での留意点などを確認させ、現実生活へと送り返すのである。箱庭の世界を直接、現実世界に持ち込まないようにする配慮である。箱庭の「枠」を重視すると前述したが、現実世界と箱庭世界との間にさらに「枠」を置くのである。これは非行少年の特殊性を考慮したものだが、このことに関連して、河合（1995）は非行少年へのミソ・ドラマ（神話劇）の適用を紹介している。河合によれば、グッゲンビュール（Guggenbühl, A.）はミソ・ドラマ（神話劇）を非行少年のセラピーに適用しているが、その手法として、まず少年たちをリラックスさせ、セラピストは神話的な話をする。そして少年たちに自分で話を変えたり、劇をさせたりするのだが、そのセッションが終わると、部屋を変えて、徐々に現実世界に戻していくというのである。これについて、河合はアクティング・アウトとの関連を特に指摘していないが、筆者は、ここには非行少年の特殊性、とりわけアクティング・アウトに対する配慮があるように思われるのである。

　筆者の上記3点の配慮は、箱庭の枠をさらに二重三重に重ねることを意味している。

非行臨床における箱庭の意義

　ダブルロールの問題は、非行臨床においては避けて通れないものであろう。これに関して、箱庭療法の導入は、新たな局面を切り開いてくれるように思われる。

　非行臨床においては生活指導は不可欠であり、厳しさが必要となる。筆者は、生活指導では、少年たちに規則を重視することを理解させ、その一方で、箱庭の「枠」の中では何をしてもよいという臨床構造を作り出すことを意図するようになった。いわばダブルロールの、少年の行動規制を課す役割と少年の自由意志を尊重するという二つの役割を、生活指導と箱庭という二つの観点に当てはめて考えるようになったのである。これはダブルロールの解決という点においても意味深いものではなかろうか。最後に、

だからこそ、箱庭の「枠」というものが、非行臨床においてはとりわけ大きな意味を持つことを強調しておきたい。

次に実際の事例を通して、箱庭療法や表現療法の適用を具体的に考えてみたい。

2　発達障害の疑いと診断された少年への 箱庭療法と表現療法の適用

事例：自閉症スペクトラム障害の疑いと診断され、選択性緘黙状態にある犯罪少年への表現療法的アプローチ――箱庭・MSSMを中心に[3]

(1) 倫理的配慮

　本章で扱うこの事例については、すべて固有名詞をA、Bなどの匿名表現とし、個人情報は最小限の記述にとどめ、なおかつ、本ケースの面接・箱庭等の経過を研究会・学会で発表することについて本人Aと母親から了解を得た。

(2) 問題と目的

　発達障害を有する少年の犯罪には、例えば「人が死ぬところを見たかった」という奇妙な動機が語られたり、過去の嫌な体験を受けた場面にタイムスリップ（フラッシュバック）して、パニック状態から犯罪行為に及ぶなど、一見理解しがたい動機による犯罪がしばしば起こっている。本研究では、少年鑑別所で自閉症スペクトラム障害の疑いと診断され、選択性緘黙を呈する犯罪少年（殺人未遂）の心理臨床を検討した。

　選択性緘黙は不安障害の一つであり、他の状況で話しているにもかかわらず、話すことが期待されている特定の社会的状況（例:学校）において、話すことが一貫してできないという特徴がある（DSM-5、American Psychiatric Association, 2013）。

　選択性緘黙の発現にはさまざまな要因が指摘されているが、中には能力の遅れが影響する場合もあるとされる（Dow et al., 1995；河井・河井, 1994）。

またBusse & Downey（2011）は選択性緘黙に社交不安が多く併存しているだけでなく、選択性緘黙児の親や保護者に社交不安や選択性緘黙に関連する特徴が多く見られることから、選択性緘黙の発現には、遺伝の要因や間接的な家族の要因が影響している可能性を指摘している。

（3）事例の概要

　少年Aは中学3年生男子。今回の事件は、姉（次姉）から「もう少し格好良い弟だったらよかった」と言われ、その言葉が引き金になって、容貌（太った巨体）を馬鹿にされたいじめの状況を思い出し（タイムスリップ。正確にはフラッシュバックを起こしたもの）、その記憶に圧倒され、パニックを起こして、発作的に次姉の首を絞めたもの。次姉がぐったりしたので殺害したと思って自首したが、姉は息を吹き返した（未遂）。Aは学校で肥満の体型を馬鹿にされる等のいじめを受け続けてきた。Aは補導歴も非行歴もない。

　家族は実父（面接当時46歳、トラック運転手）、実母（45歳、パート就労していたが、心理臨床開始時は無職）、長姉（23歳、ホテル勤務、単身で生活）、次姉（21歳、パート工員、本件被害者）。父母は不仲。母は強迫性障害を有する。

（4）本ケース開始前の経緯

　本件付添人・I弁護士から、筆者（Th.と表記）は心理療法を依頼された。I弁護士は少年にTh.の心理療法を受けさせるという条件で、裁判官に試験観察（p.33参照）を求めた。少年Aは、審判で試験観察決定を受けて少年鑑別所を出た。家庭裁判所としては、Aが中学卒業後の進路（高校進学）がきちんと定まるかを観察したかった様子である。Th.は、Aが少年鑑別所から自宅に戻った時からAと関わり始めた。弁護士によれば、選択性緘黙があり、少年鑑別所でほとんどしゃべらなかった（学校でも同様）。IQは92。文字はしっかり書けていて、少年鑑別所入所時に、「将来は日本料理の料理人になりたい」と日記に記していた。

(5) 面接構造

原則として母子でTh.の研究室に来室してもらう。まず母子同席で生活経過を聴き、母親と単独面接し、その後、Aと単独面接、場合によっては別室で箱庭療法を行い、また箱庭体験から現実生活へ移行させるために、箱庭には原則として題名をつけさせて、箱庭を客体化する。その後、母子同席で面接して終了する。弁護士了解のもと、料金を取った。

(6) 面接経過

第1回　X年9月（プライバシー保護のため、日時は省略。以後同様）I弁護士、A、母と面接

少年鑑別所を出た翌日から学校に行っている。「次姉とも普通に対応している。もともと関係が悪いわけではなかった。Aは家ではしゃべるが、学校ではしゃべらない」（母）。スクイッグル施行。このような楽しいことを通して、関わっていくこと、無理にしゃべろうとしなくてよいことなどを話した。AはTh.とはほとんど話をしなかったが、それなりに楽しそうにスクイッグルを行った。言語的コミュニケーションがあまりとれないので、Th.はAとスクイッグルやMSSM法（山中, 1984：1992）、箱庭、デジタル写真等を通して関わることを決めた。

なお、母は強迫性障害で通院している（抗不安剤を処方されている）。人にぶつかるかと思うと怖くて外を歩けない。不潔恐怖もある。Aが幼少期は、母はAが外から帰宅すると、すぐに服を着替えさせた。母によれば、Aは少年鑑別所から帰宅すると「（身体が）臭いよ、お風呂、お風呂」と言っていたという。「Aは、幼少期は、帰宅するとすぐ服を着替えたが、現在では、それはない。また、公衆トイレには姉もAも匂いが臭くて入れなかったが、現在、Aはそういうことはない。父親は汚くても平気な人」（母）。父母の仲は悪く、母親は支配欲求が強い印象である。

第2回　X年10月　父母、Aと面接

Aはきちんと登校している。父は最近、少年と一緒に散歩をしたといい、父なりに努力していることを主張した。「Aは調理をするのが好きであり、

写真 4-1　箱庭 1　Ａは写真手前の位置で制作

　将来は調理の道に進みたいと言っている」（母）。Th.がＡに何か最近調理
したかと尋ねると、少年鑑別所から帰った日、肉じゃがとチャーハンを
作ったと述べた。

　「現在、学校の指導もあってか、クラスでＡに嫌なことを言う人はいな

い」（母）。

　「Aは言い返せない。我慢するだけ」（父）、「強くなるように小5から空手を習わせた」（母）、「暴力で他児に勝ってほしくない」（父）。夫婦の考えが一枚岩でないことが露呈した。

　Aは「学校は普通（つらくない）」「塾は自分のペースで勉強できるのがいい」「空手はおもいきり体を動かせる」と非常に小さな声で述べた。

　Th.はAに「気分転換に砂と人形などで遊んでみないか」と箱庭に誘ってみた。Aは承諾したので、箱庭のある部屋にAを連れていき、母には、外で待ってもらうように言い、箱庭を行った。Th.はAに「リラックスして、気分転換をするように」と言葉掛けをし、Th.自身もリラックスしてAを見守るようにした。

　第1回箱庭（箱庭1）。川を作り、橋を二つかけた。左の橋の上には赤い帽子をかぶったスノーマンのようなものがいる（その他を含めると3体）。右の橋はクルミで渡れないように見える。中央部にサルが4匹。また、豚が3匹。川の右端はテトラポットのようなものでせき止められているように見える。よく見ると川の左側も砂が掘られていない。小さなビンの中に花びらが入ったものを砂に埋めた（少し砂から露出している。手前木枠すぐ上の2本の木の右部）。「サルは何をしているの？」（Th.）「クルミを狙っている」（A）。白い「熊」（A）もいる。Aは、熊は何をしているかは答えられない（写真4-1）。

第3回　X年10月　A、母と面接

　学校には登校している。2週間に一度家庭裁判所（以後、家裁と略）に行き、家裁調査官の面接を受けている（試験観察）。母は学校に対する不信感を述べた。「中1から嫌がらせを受けているのに、学校に言っても何もしてくれなかった」（母）。Th.はAに「次回は好きなものをデジカメで撮ってくるように。そしてそれを見せてほしい」と求めた。Aは嫌がらなかった。

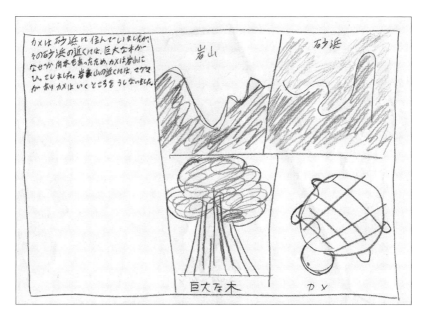

写真 4-2　MSSM

第 4 回　X 年 11 月　A、母と面接

　「明日は三者面談。Aは調理師を目指せる高校に進学を考えている。塾
に行っている。Aは変わった。以前はあまり話をしなかったが、聞いたら
答えるようになった」（母）。MSSM を 2 回施行した（写真 4-2）。

　Th. が本ケースで行った MSSM 法について説明する。山中（1984：1992）
の MSSM 法を Th. なりにアレンジした方法を用いた。「Th. が A4 の白紙に
枠を書き込み（枠づけ法）、さらに 5 分割して、四つのコマの中に、相互に
スクイッグルを行い、絵を描き込む。まず、Th. がなぐり描きし、Aがそ
のなぐり描きの線から見えてくる絵を描き（投影したものを描き）、着色。
その後、Aがなぐり描きし、Th. がそれに対して投影したものを描き、着
色。それぞれの絵に対して、アイテムとして名付ける。例えば、馬を描い
たのであれば、「馬」。Th. はそれを絵に小さく書き添える（以下、アイテム
という）。最後はAにすべてのアイテムを用いて物語を作ってもらい、5 番
目のコマの中にその物語を書いてもらう」というものである。5 分割は

ちょうど描くのに適した大きさであること、緘黙を考慮し、導入のために、最初のMSSMの時にTh.からなぐり描きを行ったことから、それをそのまま続けた形になった。AのなぐりきにTh.が投影する場合は、意図的・作為的に投影することはしなかったが、Aを混乱・動揺させるような投影は避ける配慮は行った。

　1回目の物語「カメ（Th.、②、[投影者Th.で2番目の投影の意]）は砂浜（A、①）に住んでいましたが、その砂浜の近くには巨大な木（Th.、④）がなぜか何本もあったため、カメは岩山（A、③）にひっこしました。岩山の近くにはマグマがありカメはいくところをうしないました。」（Aの書いたとおりに記載。誤字があった場合もそのまま記載することにする。アイテムには下線を引いた。また、その内容の投影者と何番目の投影かを記載した。以後も同様）。2回目の物語「うばぐるま（Th.、②）には鳥（A、①）とカメ（Th.、④）とねずみ（A、③）がのっていました。3匹とも仲が悪く、性格もぜんぜんちがっていました。鳥はかしこく、ねずみはたんきで、カメはおくびょうでした。」

　デジカメを持参したので、写した写真をプリントし、一緒に見た。家で飼っている亀と料理、花火（花火大会）の写真。

第5回　X年11月　A、母と面接

　亀が逃げた話。父親と近所中、亀を探しまわり、やっと捕まえた。父とAの協働作業を褒めると、母親は父親を非難。「父親は（Aの）空手道場の送り迎えをしているが、さも大変なことをしているような口ぶりで言う。しかし、都合の悪いことは言わない」と父親への非難が続いた。

　Aが写してきた写真をAと2人で見た。「純白の菊」の写真。3週間くらい前に咲いたという。学校で生徒それぞれが一鉢の鉢植えの菊を作っているという。

第6回　X年12月　A、母と面接

　Aは普通に通学している。自分で作った料理をデジカメで写してきた。
　箱庭を実施（箱庭2・写真4-3）。肉食動物と草食動物が雪合戦をしている。

写真4-3　箱庭2　Aは写真手前で制作

それを4人の人間が柵の外から見ている。お互いに（飛んできた）雪を除ける障壁（箱）があるところに、Th.はほっとする。「雪をこれで除けることができるんだね」（Th.）と声を掛けると、頷いていた。

第7回　X年12月　A、母と面接

　受験についての話。「Aは〇〇高校を受験したいと言っている。Aはパソコンばかりいじっている。勉強はしていないみたい」（母）。Aは「花」の写真を持参したので、Th.と2人で鑑賞した。

　MSSMを実施（2回）。「山（A，①）でグローブ（Th.，②）をつけてキャッチボールをしている人たちがいました。ボールを投げようとしたときに、ちょうちょ（Th.，④）が急に出てきたので、ボールを人にめがけて投げてしまいました。とっさにボールを口（A，③）でキャッチしました。」「野球をしている人たちがいました。ボールがサングラス（Th.，④）をかけたひとにぶつかって男性は怒って像（象の間違いか。Th.，②）の形をした雲（A，①）に投げました。像（象）は涙を流して泣きました。こおり（A，③）の涙でした。」「こおり（氷）の涙」という表現に、Aのこころ

写真 4-4　箱庭 3　Aは写真の右側で制作

の中にある悲しみの深さを感じる。また、そのような深い情緒の表現ができるところに、Aの情緒性の深さを感じた。Th.は「悲しみが伝わってくるね」と言葉を返した。

第 8 回　X+1 年 1 月　A、母と面接

　Aはきちんと登校している。母によれば、小学校の時は友達が遊びに来ていたし、話をしていたという。写真（夜の港と船）を持参。1 月 2 日、4 人で横浜へ行き、夜、写真を撮り、東京に住む一番上の姉のところへ行ったという。

　MSSM を施行。「ある日、犬（Th.,　②）がみずうみ（Th.,　④）でボートをこいでいました。水面にはっぱ（A,　③）がういていました。はっぱの上には卵（A,　①）がありました。卵を手に取り、あたためていると、中から鳥が生まれました。」雛の誕生がテーマ。Th.は良い感触を得た。

　箱庭を実施（箱庭 3）。「動物の運動会」。動物が障害物リレーをしている。トラックの内側で人間と動物がそれを見ている（写真4-4）。網（緑の柵を網とみなしている）をくぐるところなどは臨場感がある。

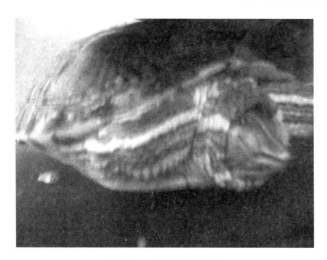

写真 4-5　冬眠している亀

第 9 回　X+1 年 1 月　A、母と面接

　今日、滑り止めの高校から合格通知が来た。第一希望の高校受験は、筆記試験が 3 月 2 日、面接は 3 日である。1 月 7 日に家裁の指示で老人ホーム（奉仕活動）に行ってきた。

　A は、本件について初めて話をした。「格好良い弟がいいね」と次姉が言ったことが直接の原因で、結果として、本件（次姉の首を絞めた）に及んだ。学校では嫌なことを言われ続けてきたことが小さな声で語られた。体型が肥満（巨体）であり、それを馬鹿にされてきた。次姉の言葉が、いじめられた嫌な体験につながり、その時の記憶が（鮮やかに）蘇り、非常に混乱して、わけがわからなくなって本件に及んだ。たどたどしく語る A の言葉を、Th. はじっくりと受け止めるようにした。A との信頼関係が一気に深まった手応えを感じた。

　写真、ウズラの入ったハンバーグ（母と少年が一緒に作った）と温泉卵の乗ったチャーハンの写真。チャーハンは A が作ったという。

第 10 回　X+1 年 2 月　A、母と面接。

　もう一つ受験した私立高校は不合格だった。「第一希望の高校受験（調

理コースがある高校）が心配。Aは毎日、塾に通っている」（母）。

　A、母、次姉で数学の受験問題を解いた。「うまく解けて嬉しかった」（母）。

　Aは亀の写真（写真4-5）を持参。「冬眠している亀。冬眠から覚めると動き出す。5〜6年前から飼っている」という。

第11回　X+1年2月　A、母と面接。

　来週、第一希望の高校の試験。Aはとても緊張している。Th.が面接の練習しようと誘うが、一言も答えられない。母に退室してもらう。ここで、Th.は、以前から考えていたことをAに話してみた。「君は嫌なことがあった時、家族にも話をしないよね。一人で抱えてしまうよね。これからは家族と話をして辛いことを解決していくことにしないか」。Aは特に表情を変えない。そこで、Th.はAに紙を渡し、面接練習をしたくない理由等を紙に書くように促した。すると、「今日はだるい　やる気がでないなぜ言葉が出ないかわからない　最近学校で面接（の練習を）してない文章がまとまらない　本当に信らいできる人がいない（やや行を離して）本番に強いからできる　やる時にはやれる」と記す（写真4-6、実際はA4の白紙の左上隅に小さく書かれてあり、写真はその部分のアップである）。Th.はAの強い意志を感じ、試験に向けて励ました。また、Aにとって母親が信頼できる人物になっていないことを改めて確認した。また、「嫌なことは、話をしないで忘れてしまおうとするみたいだね」と言葉掛けをした。Th.はこのやり取りから、Aは体験処理が非常に不器用であることを理解した。つまり、Aの嫌な体験の（自分なりの）

写真 4-6　筆談

処理方法は、ただ、忘れてしまおうとするだけであると理解できた。

　今回は、Aは写真を撮ってこなかったので、前回の亀の写真（写真 4-5）を一緒に見た。Th. が「なぜ、こんな写真（冬眠している亀）を撮ったのだろう」と聞くが、何も応えない。Th. は「君も冬眠しているのではないか。これから君は目覚めるのではないか」と初めて解釈のような言葉掛けをしてみた。Th. としては、この言葉がAのこころに響いたような手応えを感じた。このセッションを通して、AとTh. の関係がかなり深まった印象を持った。

　Th. は「3月になって審判で試験観察が終わっても、しばらく面接を続けてみないか」とAに提案してみた。ただし、「しばらく考えてみてね」と話し、即答は求めなかった。

第 12 回　X+1 年 3 月　A、母と面接

　（第 1 志望の高校の）試験は終わったが、うまくいかなかった。Aは非常に落胆していた。「筆記試験もだめだったし、面接もうまくいかなかった」（A）。面接では予想していなかったことを聞かれ、言葉が出なかったという。

　母はTh. との 1 対 1 の面接時、子育ての苦労を一人で背負っていることを話した。母親は「実は次女（Aの次姉）も不登校傾向だった。次女もあまり話をしない。私は（子育てで）とても苦労してきた」と述べて涙ぐんだ。

　MSSM を施行。「ある日、像（象の間違い。A，③）はとても空腹で幻覚を見ました。ちょうちょ（Th.，④）とタツノオトシゴ（Th.，②）がニンジン（A，①）に見えたのです。よく見ると、ちょうちょとタツノオトシゴだと気づき、ちょうちょとタツノオトシゴは食べられずにすみました。」Th. は、以前にも、象が話に登場したことを思い出した。Aが肥満であることを連想した。

第 13 回　X+1 年 3 月　A、母と面接

　3 月 18 日家裁の審判があった。保護観察で事件は終結した。高校（第 1

志望の調理コースがある高校）は見事合格した。Th.はAと母と一緒に喜び
を共有した。

「その高校は女子ばかり」と、母親は不安を示したが、Aは頑張りたい
と述べた。

Aに、今後Th.との面接を続けるかどうかを聞いてみたところ、Aは今
後もしばらく面接を続けることを希望した。母親とも話をし、今後も面接
を続けることを確認した。

第14回　X+1年5月　A、母と面接

Aは4月からきちんと高校に登校している。クラスの3分の2は女子。
Aは女子が苦手だという。また、調理や栄養の勉強は苦しいという。「こ
の1週間で楽しかったことは」と聞くとAは「ない」という。これまで
楽しかったことは「小学校の時、休み時間とか、サッカーやった。それが
楽しかった」（A）。しゃべらないのはなぜ？と聞くと、「しゃべりたくな
い気持ちとしゃべろうと思っても言葉が出てこないのと両方」という。以
前と比べると、比較的よくしゃべってくれた。

MSSMを施行。「ある日、ペットのカタツムリ（Th., ④）と船で釣りを
しているとイルカ（A, ①）が寄ってきました。そのイルカは人懐っこい
イルカだったので、ずっとついてきて、つり人はイルカとたわむれている
と、つりざお（実際のアイテムはつり針　Th., ②）が引っ張られているのに
気づきました。釣り上げてみると、ウツボ（A, ③）が釣れました。」釣り
で収穫を得るという良い内容だが、「ウツボ（Aが投影）」の存在にAの不
安感、あるいは、こころの奥にあるネガティブな深いものの存在を感じた。

第15回　X+1年6月　A、母と面接

毎日学校に行っている。

母が言うには「先日、クラスメートからゲームセンターにいるところの
写メールが送られてきた。友達ができたんじゃないか？」（母）と嬉しそ
うな表情をした。保護司のところにも行っている。調理実習が週に1回あ
る。緘黙について聞いてみると、「しゃべりたいことは出てくるが、しゃ

写真 4-7　箱庭 4　A は写真手前の位置で制作

べりたくないことは言葉が出てこない」（A）という。

　MSSM を施行。「ある日、釣り（実際は釣り竿　A，①）をしていたらカメ（Th.，②）が釣れました。カメをねらって大きな鳥がやってきました。ですが、大波（A，③）で、鳥（Th.，④）は逃げてしまいました。」亀のイメージが印象的だった。

　久しぶりに箱庭を実施（箱庭 4　写真 4-7）。「公園」というテーマ。サッカーをする 3 人のキューピー。二体はボールを追っている。一体はキーパー。その他にも二対の人形と一体の人形。Th. には「2」のテーマが出てきたと理解された。Th. は手応えを感じ、この箱庭は対話の兆しと受け取った。しかし、一対のキューピー以外は顔と顔が向き合っていない。Th. は、今後、向かい合う、あるいは、言葉が交わせる位置関係になっていくかどうかを見守りたいと思った。

第 16 回　X+1 年 9 月　A、母と面接

　A は 1 学期は休まず登校した。A は夏休みの宿題もきちんとやったとのこと。学校は校則やルールが厳しい。保護観察では奉仕活動を 5 回、全部

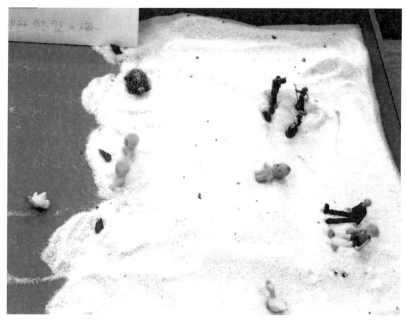

写真 4-8　箱庭 5　Aは写真手前の位置で制作

こなした。成績に、1学期、1があったので、補講を受けたが、奉仕活動の日と重なり、大変だった。高校には保護観察を受けていることを秘密にしているので、補講が受けられないことの理由を言わなければならず、苦しい思いをしたという。

　MSSMを施行。「麦わらぼうし（A，①）をかぶった人が雷雨の中、走っていました。目の前に1羽のペリカン（A，③）が木の下で、雷（Th.，②）にうたれそうになっていましたが、間一髪で、ペリカンは落雷を逃れました。行動が素早いペリカンを見て、その人はおどろきました（実際のアイテムはおどろく人　Th.，④）。」「雷にうたれそうになる」という表現に、Aの抱える問題の深さを感じた。

　箱庭を実施（箱庭5　写真4-8）。「夏休み終盤の海」。2人の人物が二組と一対のキューピーが海を見ている。散歩している人もいる。何をしているのかと尋ねると、遊んでいるという。Th.には、やはり「2」（2人）のテーマが出現したと理解された。

写真 4-9　箱庭 6　Aは写真左の位置で制作
（矢印はキューピーを指している）

　最後に、Aに対して、Th. が感じていることを伝えた。すなわち「君に
必要なことは自信だよ」と言葉を掛け、勇気づけた。

第17回　X+1年12月　A、母と面接

　Aは学校にはきちんと行っている。スマートフォンで（SNSの）LINEも
やっているという。

　持久走の集合時間がわからなかった時、母親がクラスメートに聞いてご
らんといったところ、LINEで友達に聞いていた。「中学時代なら、聞け
る子はいなかった」（母）。しかし、本人は「友人はいない」という。Th.
は、Aの返答の声が大きくなったことを実感した。

　MSSMを施行。「アゴのとがった人（Th., ④）がフクロウ（Th., ②）を
見に電車（A, ③）で山（A, ①）に行きました。ですが、天気が雨だった
ため、フクロウはいませんでした。」

箱庭を実施（箱庭6　写真4-9）。「冬のドッチボール」。動物と人間がドッジボールをして遊んでいる。やはり一対のキューピーが登場。

面接の最後に、このまま面接を続けるか、次回で終わりにするか、本人に尋ねた。少年は、じっくり考えた末、「終わりにする」とはっきり答えた。返答の声も大きくなった。少年の成長を感じた。

第18回　X+2年1月　A、母と面接

Aは学校にはきちんと登校している。ただ、成績は振るわず。保護司のところにも行っている。学校で必要な事項などをクラスのグループLINEで聞いたりしている。学校の生徒以外の子ともLINEでやり取りをしている様子。また、「Aは12月頃から深夜（2時、3時）に、LINE電話で誰かと話をしている」（母）。姉や父親によると楽しそうな声が聞こえるという。母親は驚いており、Th. もその成長に驚いた。

母親は父親の悪口を述べた。父親は子どもたちからは嫌がられているという。「長女は努力家、最近キャリアアップのために職場（ホテル）を変えた。将来は海外で働きたいと言う」（母）。Aは受験前に空手をやめたが、また、空手道場に通いたいと述べているという。

MSSMを実施。「ある日、二人の男の人が公園でテニスをしていました。その公園には池があり、池には金魚（A，③）と鳥（実際のアイテムは水鳥Th.，②）がいました。一人の男の人が池にラケット（A，①）を落としてしまって、池に入りました。すると、金魚と鳥がたくさん集まってきました。その男の人はなぜか金魚と鳥に好かれました。それを見ていたもう一人の男の人は変な顔と声で大きく笑いました。公園にいた小さな子どもたちは笑っている人を見て、『笑う人（Th.，④）』と呼んでいました。」Aは容貌についての劣等感が強く、また、そのことでいじめを受けてきた。しかし、容貌についての受け止め方が、ポジティブになっているような印象を持った。

箱庭実施（箱庭7　写真4-10）。「サルのかくれんぼ」。黒サルがオニ。茶色のサルが自動車の手前や建物の左、橋の下、木の上に隠れている。「楽しそう」（A）な光景。

写真 4-10　箱庭 7　Ａは写真左の位置で制作
（下写真の矢印は隠れているサルを指している）

今回をもって面接を終了とした。興味深いことに第1回目の箱庭にも、サルが登場しているが、この最終回の箱庭にも同じサルが登場した。第1回目は、クルミを狙っているサルだったが、最終回は遊び（かくれんぼ）に変容していることに、Th.はある種のゆとりのようなものを感じた。

　この約2年後の3月に、母親から突然、電話があった。「Aは高校を無事卒業しました」（母）とのことだった。翌日、母親とAはTh.を訪ね、無事高校を卒業したことを報告した。Aは調理の仕事に就く予定。Th.は、Aの卒業と就職を喜んだ。そして、Aの声が以前より大きくなったことに驚いた。

(7) 考察

　Th.は、この箱庭を通して、Aのコミュニケーションの回復過程あるいはその発達過程が示されたのではないかと考えている。

2人（「2」）のテーマの出現

　このケースの大きな動きは、箱庭において、2人（ペア）の人間が3回連続で出現したことである。Th.には、2人＝対話が連想され、コミュニケーションの動きが活性化してきたと感じられた。そして、それは緘黙が軽減していくことを予感させた。具体的には、第15回面接・箱庭4で、サッカーをする2人のキューピーや、その他にも二対の人形が置かれ、Th.には「2人、あるいは、『2』」のテーマが出てきたと理解され、対話の兆しとも受け取れた。そして、第16回面接・箱庭5において、二対の人物と一対のキューピーが海を見ているところが置かれた。箱庭に登場する2人は言葉を交わすかどうかはともかく、一緒に海を見ながら、情緒的なコミュニケーションを交流させていると思われた。この箱庭の出現の後、現実生活として、第17回面接では、Aが持久走の集合時間がわからなかったところ、「（母親が）Aにクラスメートに聞いてごらんと言ったところ、AはLINEで友達に聞いていた」という状況へと成長を遂げた。この回の箱庭にも一対のキューピーが現れている。そして、さらに第18回面

接では「Aは学校で必要な事項などをクラスのグループLINEで聞いている」。また、「Aは学校の生徒以外の子ともLINEでやり取りをしている様子」（母）であり、「Aは12月頃から深夜（2時、3時）に、LINE電話で誰かと話をしている。姉や父親がAの楽しそうな声を聞いている」（母）という急展開を遂げるのである。現実生活でも箱庭との連関性が明白に現出したと思われた。

亀と象

　もう一つの重要なものは亀である。これは、写真とMSSMの中で、象徴的に表現されている。もともとAは亀を飼っているのだが、第4回面接、MSSMの初回（2回実施）では、1回目の物語は「カメは砂丘から岩山へ引っ越しをするが、マグマのために行き場所を失う」、2回目は「カメはおくびょう」という話であった。この回には、亀の写真も持参している。これが、第5回面接では、逃げた亀を父親と近所中、探しまわり、やっと捕まえたという話が出る。さらに、第10回面接の、冬眠した亀の写真の持参。第11回面接、その写真を見ながら、Th.が、「君も冬眠しているのではないか。これから君は目覚めるのではないか」と（Th.の）初めて解釈のような言葉掛けへと展開し、現実生活では、志望校への合格へと続いていく。甲羅の中に身を隠す亀はAの姿を象徴していると思われた。冬眠から覚める亀と高校へと巣立っていくAがTh.にはダブルイメージとして重なった。振り返って考えてみると、そもそもTh.自身がMSSMの中で無自覚に亀を投影しており（第4回、第15回面接）、Th.自身が早い段階で亀＝Aという無意識的な認識を有していたのではないかと理解される。そのことがAとのこころの交流に与えた影響も考慮されうると考えられた。一方、この間、MSSMでは象が2回出てくる（第7回と第12回）。第7回面接のMSSMでは、「像（象）は涙を流して泣きました。こおりの涙でした」という非常に深い情緒的な話が展開し、Th.は、Aがそのような深い情緒の表現ができるところに驚いた。象は、肥満体型（巨体）のAの分身ともとらえられ、Th.は、A自身の情緒性の深さを感じるに至った。Th.は実際、Aに「悲しみが伝わってくるね」と言葉を返している。ここで

Th. は情緒的交流の可能性を認識した。

　このようなある種の準備性を構築しながら、対話（「2」）のテーマへとつながっていったと解釈された。また、MSSM 全体を見ると、A が投影したものは、「砂丘、岩山／鳥、ねずみ／山、口（人の身体部位）／雲、こおり／はっぱ、卵／象、ニンジン／イルカ、ウツボ／釣り竿（人が使用するもの）、波／麦わら帽子（人が被る）、ペリカン／電車（人が乗る）、山／金魚、ラケット（人が使用)」である。後半に至るにつれて人間が関係するものが頻繁に出始めているようにも思われる。

　これは、コミュニケーションの回復・成長への流れと一致すると考えられる。一方、Th. はケースの流れの中で、緘黙自体の理解への試みも行った。

緘黙の理解

　第 11 回面接での A への対応である。そのセッションでは、A の緘黙の背景には、「話したくない」という気持ちがあるが、それに加えて、同時に、「話そうとしても言葉が出てこない、言葉にまとまらない」と筆記しているのである。

　岡本（2021）は、自らの事例を取り上げ、「"不安のためにコミュニケーションがとれなくなる" ことも選択性緘黙の発現に大きく関わった可能性がある」とし、「不安への反応はさまざまであるが、（岡本の事例の場合は）自分の考えやイメージが頭に浮かびにくくなり、そのためさらに "コミュニケーションをとること自体が不安" となって、これが相互作用した可能性がある」と述べている。これは本事例と共通している部分がある。

　A は体験に対する処理の仕方が非常に粗雑だと感じられた。また、第 11 回面接で「君は嫌なことがあった時、家族にも話をしないよね。一人で抱えてしまうよね。これからはお母さん（家族）と話をして辛いことを解決していくことにしないか」と言葉を投げかけたが、A は紙に「本当に信らいできる人がいない」と記載している。Th. は、A にとって母親が信頼できる人物になっていないことを改めて痛感し、「嫌なことは、話をしないで忘れてしまおうとするみたいだね」と言葉掛けをした。Th. は、こ

のやり取りから、Aは体験処理が非常に粗雑（不器用）であることを理解した。つまり、Aの嫌な体験の自分なりの処理方法は、ただ、忘れてしまおうとするだけではないのかと理解したのである。

　選択性緘黙については、先行研究を見ると、Dow et al.（1995）によるレビューでは、「一部の選択性緘黙の子どもは間違ったことを言ったり、声がおかしかったりすることが怖いと報告している」。行動理論においては、選択性緘黙は嫌悪刺激（不安）が取り除かれるという負の強化を通して、回避が生じると考えられている（岡本, 2021）。Kotrba（2014）は次の行動概念で選択性緘黙を理解できるとした。子どもにおそらく不安になりやすい生物学的要因や言語の問題などがあり、コミュニケーションを求められると非常に不安になって、子どもはそれを回避する。コミュニケーションを回避された人は反応を待つことに不快さを感じるため、選択性緘黙児の救済（代弁など）を行う。結果的に選択性緘黙児は不安が低減し、回避行動が強化される。そのため次に似たような状況に置かれた時にも、選択性緘黙児はコミュニケーションを回避する行動をとり、このループが循環する。また選択性緘黙児の周囲の人も行動が強化され、よりすばやく子どもを代弁したり、話しかけなくなるなどの救済行動をとるようになるという。本児の場合もこのような機制が働いていた可能性がある。

発達障害を抱える人の犯罪──被害感あるいは被害者意識を交流の窓にする

　ASD等の発達障害を抱える人たちの犯罪には、この少年のように、いじめなどの過酷な過去の記憶（その時空）にタイムスリップを起こし、パニックを起こし、犯罪に至る場合がしばしばある。その背景には、このような体験の記憶処理の粗雑さ、すなわち合理的に解決しようとせず、無理やり忘れてしまおうとする機制が働いているのではないだろうか。抑圧もしくは解離の機制と考えられる。

　ところで、ASDを有する少年の犯罪で、最も理解しにくいのが、その動機であることはすでに述べた。彼らの動機理解をどのように考えていくべきかを検討してみたい。そのために次の例を示したい。

　引きこもりで家に閉じこもっているASDの男子少年Bである。めがね

が必要だが買いに行けない。そこへ、母親が何気なく「メガネドラッグへ行ったら」と言ったところ、この少年は母親をナイフで刺したというものである [4]。動機が非常にわかりにくい。ASDを有する少年の非行の場合、このような動機のわかりにくさがつきまとうことが往々にしてある。このことをどのように考えるかが、重要な鍵になるといえる。

　この事例は、その背景と障害特性を考慮すると、動機が理解できるものとして見えてくる。Bの背景には、母親からの無理解の集積があり、度重なる学校や周囲の人からのいじめやからかいがある。Bにはめがねが必要な状況があり、しかもこのことが、障害特性と相まって、めがねは買わなければならないという頑な思いになっている。しかも、Bには外出できない辛い状況がある。さらに、誰も自分を守ってくれないという被害感から、ナイフの所持へとつながっている。そこへ、母親の何気なく言った言葉から、自分がひどい目にあった場面へとタイムスリップが起こり、パニックを起こし、それが、自分をいじめた相手と母親の同一化と混乱を生起させ、刺すという行為につながっていることが理解された。

　ここで重要なことは被害感（あるいは被害者意識）である。一般的なASDの例を挙げてみたい。「いつも午後11時には寝る」というこだわりを示している女子高生Cである。ところが定期試験前日、予定していたところまで試験勉強が進まなかった。Cは、このこだわりから、パニックを起こし、泣きわめいてしまった [5]。

　被害感の集積の有無が二つの例を分ける要因になっているということである。Cの事例では、特に根深い被害感の集積が見られないが、Bには根深い被害感の集積が認められるのである。

　本件についても、いじめなどによる被害感の集積が見られる。Th.は、会うたびごとにAとその母親に、学校でいじめられることはないか等とねぎらいの言葉を掛けたが、その気遣いがAと母に伝わったのではないだろうか。ケースの進展に寄与したようである。また、第9回面接において、Aの被害感をじっくり聞いたことが大きく作用していると考えられる。このことが第10回、Aが冬眠した亀の写真を持参。第11回、Th.が緘黙の理解への発問、さらに「君は冬眠しているのではないか」という言葉掛

けへとつながっていったと考えられる。一方、Aは動物や人間への共感を特にMSSMで表現している。このやり取りが、Th.とAがこころの交流をする窓になったと考えられる。

　ここで問題にしたいのは共感性である。ASDを抱える人は共感性が欠けているのではないかという見方をされることが往々にしてあるが、これは間違いだとする指摘がある。認知的共感性は低いが感情的共感性は高いという指摘である（ニューヨーク市立大学Gillespie-Lynchらが作成した資料[6]）。悲しそうにしている人を見ると、ASDの人はその人が悲しそうにしているという理解はするし、慰めに行こうとする場合すらある。しかし、なぜ悲しそうにしているかの理解（認知的共感性）は多くの人とずれたものになってしまうのである。

　Th.は、その被害感を理解する作業には、感情的共感性をこころの交流の窓として、彼らの気持ちの理解を深めていくプロセスが重要だと考える。それらの理解が深まれば、一見、奇矯で猟奇的な動機もある程度理解できるものになる可能性があると考えるのである。

　昨今、人に対する共感が欠損しているような犯罪が散見される。特に理科実験型（高岡, 2009）と言われる犯罪がそれである。人が死ぬところを確認したい、自分で飛行機を操縦したいといった好奇心を実行に移してしまう犯罪である。伊豆の国市タリウム事件（高岡, 2009）と呼ばれている事件では、女子高校生Dは殺鼠剤として使われるタリウムを母親に摂取させ、ブログの中で母親の衰弱していく様態を理科の実験記録をつけるようにして記述していた。しかし、このDにしても、ブログの他の部分で、「7月12日　価値　今日は保育体験実習に行きました。其処の保育園で四歳児の世話をしました。彼等はとても可愛いです。彼らは僕（Dは女子だが自分のことを僕と呼ぶ）を必要とし、求めてくれます。僕に存在価値を見出してくれるのです。僕にも存在価値があったなんて、今まで受けた悲しみが少し慰められた気がします」（高岡, 2009）と記載しているのである。どうだろうか。共感性の欠損は否定されるのではないだろうか。

発達障害を有する非行少年理解

　さて、発達障害の非行少年を理解する場合、被害感の理解が重要であると指摘した。しかし、これは実は一般の非行少年の理解にも同様に重要であると筆者は考えている。

　非行を繰り返す少年たちに共通しているのは、罪を犯した加害者でありながら、気持ちの上では、「親から虐待された」「教師や世間から不当な扱いをされている」といった被害者意識が根強く、あたかも自分が被害者のような立場に立っていることである。筆者はこの「加害者でありながら被害者意識が強い」という逆説を「被害者意識のパラドックス」と呼んでいる（村尾, 2012）。彼らの生活や行動はむしろこのような被害者意識に左右されているために、罪悪感が深まらないのだと考えられるのである。

　かつて村松（1978）は、非行少年の被害者意識を取り上げ、この被害者意識が更生への障害になっていることを指摘した。非行少年の心理の理解とカウンセリングのポイントは、まさにこの「自らの被害者意識故に罪悪感が深まらない」という点にあり、被害者意識に対する理解とケアが非行臨床の最も重要な点であると筆者は考えている。

　このように考えると、発達障害を抱える非行少年の理解も一般の非行少年の理解もそれほど変わらないことが理解される。障害特性をいかに理解し、それを非行少年の理解に役立てていくかの違いに他ならない。

　筆者は、ASDを有する非行少年の理解には次の視点が有効ではないかと考えている。

　　1）彼らは、理解されない体験を積み重ねてきている
　　2）彼らの、うつあるいは不安の高さ（Gillespie-Lynchらは同様に成人
　　　のASDの人たちに共通するものとして、「うつあるいは不安の高さ」も
　　　指摘している）。
　　3）認知的共感性は低いかもしれないが、感情的共感性は高い。
　　4）表現できないという困惑。

「感情的共感性は高い（健常者と遜色がない）」ことを非行少年とのこころ

112

の交流の「窓」にしながら、信頼関係を構築し、「理解されない体験」を理解していく（同時に肯定的体験も追体験する）こと。そして、「うつ」もしくは「不安」の高さを共感し、本人なりのそれらへの対処法（心理的な防衛も含む）を理解していくことが重要であり、それが、ひいては、一見理解しがたい動機の解明にもつながるのではないだろうか。

注

1) 山中（1999）はさらに次のように述べている。「通常これは『芸術療法』という範疇において把えられるものと、ほぼ同じ範疇に属するものだが、私はこの 30 年間、この呼称にひどく拘［こだわ］ってきた。つまり『芸術療法』という呼び方をする限り、どうしても『芸術』を追求する姿勢がどこかにあって、えてして治療者はつい美的なものを求めることになりがちであるという、陥穽があるし、また同時に、そのことを無意識的に把えているクライエントも、治療者を喜ばすために、無意識的にやはり『美的』なものを追求する姿勢をとってしまう点について、危惧を抱いているのである」。

2) 試験観察は終局の処分を相当期間留保して、家庭裁判所調査官の観察に付すもの。何か月か後に最終的な審判が行われることになる。在宅試験観察とは、少年が自宅等にいたまま試験観察を受けるものである。

3) この論考は、村尾（2020b）に加筆修正したものである。事例はすべて村尾（2020b）で公表されたものを用いている。

4) 5) これらの事例については、すべて固有名詞を匿名表現とし、個人情報は最小限の記述にとどめ、なおかつ、本質が変わらない程度に一部を変えるなどの加工を施してある。これらはすべてプライバシー保護の観点から行ったことである。

6) ニューヨーク市立大学：自閉症に対する意識調査とオンライントレーニング（ニューヨーク市立大学 Gillespie-Lynch らが作成したもの）。
https://www.surveymonkey.com/r/?sm=SBtYeQG5VDFIq4vyBJZcxTPLG%2fPR4f9
k0tx5y8Ms%2b4bffOz2PyimP4xm5Fbti1vLtFMscFjXc8xtfJrNOlxqbqE6OmMW%2f
A%2bWuhrm%2f2GDuFs%3d

第5章

非行臨床の方法（3）
システム論的家族療法と
精神分析的家族理解

この章では、村尾（1999b）をもとに、システム論的家族療法（遊佐, 1984）と精神分析的視点による家族理解の考察を行うことにする。筆者の非行臨床の方法は、精神分析とシステム論的家族療法の併用および、その統合を目指すものである。その検討をした上で、さらに被害者意識との関連についても言及してみたい。

　筆者は精神分析（およびユング心理学）のトレーニングを受けた後、システム論的家族療法のトレーニングを受けた。精神分析とシステム論的家族療法は基本的に性格を異にする。ここでは、両方の視点を用いて、非行臨床の方法と父親の役割・機能について論考してみたい。

　なお、本稿はもとになる論文（村尾, 1999b）が発表された1999年という時代背景（現在からかなり時代をさかのぼる）が色濃く反映していることをおことわりしておく。

1　はじめに

　家庭における「父親の心理的不在」（例えば、林, 1996）が指摘されるようになって久しいが、我々は最近ますます父親の問題を考えざるを得なくなった（村尾, 1999b）。週休2日制が定着し、それが家庭内に少なからず影響を与えるようになったからである。かつて猛烈サラリーマンは「仕事」を口実に家庭の問題を母親任せにしてきたが、時代は変わり、もはや父親は仕事に逃げられなくなった。それどころか長時間の週末をどう過ごしてよいかわからない。居場所がない。そのため、場合によっては、その悪影響は家庭にいる時間が増えた分だけ家庭に直接かぶさってくる。

　我々は日常の臨床の中で父親の問題を避けて通れなくなったのである。

2　問題の所在

　近年の心理臨床の関心の焦点は、母子関係、特に早期母子関係に集中している感がある。それに比べて父親の問題を直接扱う研究は意外に少なく、臨床の中で父親の問題を指摘する場合でも「父親の心理的な不在」（Lynn,

1978）などといった、画一的、形式的な指摘で終わることが多い。父親の問題は何かと問われた場合でも同様であり、きわめて形式的な返答しかできない場合が少なくない。

　今まで指摘されてきた「父親の不在」がはたして現在の家庭問題の核心なのであろうか。もし不在だけが問題であるのなら、父親が家庭に収まれば、それで問題は解決するはずである。

　問題は、父親が家庭内でどう役割をとってよいのかわからないことにあるのではないだろうか。つまり、父親の役割の混乱が問題であると考えられるのである。

　それでは、父親の役割とはいったい何なのであろうか。

　フロイト（Freud, S.）のエディプス・コンプレックス理論から考えると、父親機能とは、子どもに道徳観念や社会性をもたらすことであり、もっと厳格にいえば、子どもと母親との癒着を切り離し、父親的な権威を通して健全な超自我を形成することにあると考えられる（西園，1981）。

　一般に、この父親の役割を論じる場合、父親の権威の問題が注目されることが多い。ところが、現代は、父親の権威が失墜したという見方が一般的になってきている（林，1996）。

　かつて父親といえば、「頑固親父」という言葉がよく使われたが、今はそのような言葉で語られることは少なくなってしまった感がある。この権威の失墜によって父親イメージはきわめて曖昧になってしまったのである。

　第二次世界大戦後、日本は民法の改正により家制度が廃止され、さらにその後の目覚ましい女性の社会進出により「男は仕事、女は家庭」という構図が失われた。そのような社会情勢の中で、父親は制度の上でも家長たる権威を失い、職業人、収入の稼ぎ手としての権威も持ちにくくなっている。

　速水（1992）は、そもそも「民主主義的価値理念」「男女平等思想」などの現代の社会理念そのものが、この父親の権威を危うくする社会背景となっているのだと指摘する。つまり、父親が勝手に家の事を決めてしまおうものなら「民主主義」的ではないと非難され、妻に対して「口出しをするな」などと言おうものなら「男女平等の原理」に反するとそしられるの

である。

　このような現実の中において、父親の役割を把握することは非常に難しくなってきているといえる。

　本稿では、父親の権威の失墜という社会問題を踏まえながら、具体的レベルで父親の役割を検討することを目的としたい。考察については、システム論的な家族療法的理解と精神分析的理解の統合を試みたい。

▌3　強盗致傷を起こしたＡの事例[1]

〈事件の概要〉

　パチンコ店で金を使い果たしたＡ（15歳）は、弱そうな男（被害者、大学生）を見つけて恐喝をすることを思い立ち、被害者に声を掛けたが無視されたので、立腹。被害者の背中を段って転倒させた。抗議した被害者に対して見境なく段る蹴るの暴力を加えて、被害者から無理やり強奪し、被害者に傷害を与えた事件である。

　Ａはさらに同じ日のうちに２回の恐喝を重ねている。家庭裁判所調査官（以下、調査官という。このケースは筆者がかつて家庭裁判所調査官として接したものである）が少年鑑別所で初めてＡと会った時の印象は、まさに意外というしかない。体は大きいのだが、終始オドオドし、これが粗暴犯なのかと呆れるくらいであった。この事件は、成人であれば「無期又は７年以上の懲役」に相当する罪であることを説明すると、Ａは体中を震わせ始めた。調査官は、まずこの小心さと、強盗致傷という内容のアンバランスさに驚かされた。

〈家庭状況〉

　Ａの家族構成は、父、母、姉、Ａの４人家族。

　母（43歳、パート看護師、高卒）は支配的で過干渉。姉（17歳、高校３年生）もやはり過干渉。一方、父（45歳、会社員、大卒）は口下手で家庭内での発言力は弱く、その上３年前から単身赴任をしており家庭を離れている。

　いわゆる母親優位、女性優位の家庭であることが窺われる。

　Aは、母や姉の「心配性で過干渉な態度」に不満があると述べた。

　母は「Aは要領が悪いので、つい先走って注意してしまう」と言い、そんな母のことを口うるさく感じ、「自分をいつまでも子ども扱いにしている」と訴えた。

〈生育史〉

　Aの父母はAの誕生の2年前に結婚。

　A誕生の1年前に姉が生まれた。

　昭和＊年2月、Aが誕生。当時、母は仕事をしていなかった。Aは2年間、幼稚園に通園。

　小学校時代は、「ごく普通の気の弱い甘えん坊。親に従順で手のかからない子だった」（母）。

　母はAが8歳の4月からパートで看護師をするが、翌年8月に辞めた。

　Aは小4頃から野球をするようになる。ピッチャーや一塁手として活躍。野球に打ち込んだ。「運動はできる方だった」（A）。

　一方、父は仕事に忙しく、帰宅も遅く、家族との接触は乏しかった。

　母はAが11歳の4月からパート看護師の仕事についた（午前中だけの勤務）。

　Aは中学に入学。野球部に入部し、部活動で野球をするとともに少年野球も続けた。

　野球部と少年野球の両立が難しくなったため、中2の12月に少年野球の方はやめた。ただし野球部は3年間続けた。

　Aが中2頃から、父は単身赴任となり家庭を離れた。

　Aは中2の終わり頃から、いわゆるつっぱり風の格好を好むようになった。

　中3の1学期頃から授業エスケープなどが始まった。

　「授業エスケープといっても、友人と悪ふざけをしている程度だった。高校へは進学したかった」（A）。

　「本当はS高校へ進学したかったが、無理といわれ、T高校へ進学することにした。しかし、後で、自分より成績の悪い者がS高校へ行くのを

知って、しゃくだった」(A)。

中学を卒業。同年4月、T高校へ進学。

入学後1週間で休みがちとなり、6月に入ってからは登校しなくなった。

6月10日頃から夜遊びが激しくなる。

6月14日、今回の事件を起こす。

6月19日、逮捕。6月30日少年鑑別所に入った。

〈面接経過〉

7月20日までの間に少年鑑別所において、Aと3回の面接を行い、その間、父母と2回の面接を行った。

調査官としては、初回面接で受けた印象、すなわち、強盗致傷という粗暴かつ悪質な事案と、Aのオドオドした小心さの、ある種のアンバランスさに驚きを覚え、彼がなぜこのような事件を起こすに至ったかを理解することに努めた。

Aは中2頃から、いわゆるつっぱりの態度をとり始めたという。それはちょうど父親が単身赴任で家庭を離れた時期と一致している。

「母親も姉も口うるさいことばっかり言って」と、Aは母と姉の過干渉な態度に不満を訴えた。母に言わせれば、「Aは要領が悪いので、つい先走って注意してしまう」ということになるのだが、Aはそんな母のことを口うるさく感じ、「俺のことをいつまでもガキ扱いにしている」と悔しそうに訴えた。

父親のいない家庭は、「オンナ、オンナしていて」(A)母と姉を中心に「あれをしたら危ない、とか、そんなことをしているからうまくいかないとか、(家庭は)何でも女っぽい考えで動き」(A)、そんな子ども扱いをする母と姉に対して、Aは「精一杯いきがって、つっぱって反抗するようになった」(A)。

母親は、このAの反抗に一人で当惑を深めたという。その話題になると母親はさかんに夫(父親)を非難し始めた。

「こういうことには、父親の対応が必要なのに、この人(父)は単身赴任で家にいない。だいたいこの人は肝心な時にはいつも家にいないんです。

単身赴任前は仕事仕事で家にいない。相談しても、ああとか、うんとか、なまくらな返事ばっかりして、結局は、いつも頼りにならないんです」と父親を避難する。「私が一人でどれだけ苦しんできたことか……注意すれば、『うるせー、ガキ扱いするな』で黙っていれば、どんどん好き勝手なことをし始めるし……どうしていいかわからずに一人で苦しんできたんです」。

　このように父を非難する母の横で、父親の方はただただ黙って頷くばかりであった。

　しかし、調査官には父親の胸の内にはそれなりの言い分もあるかと思い、母親に席を外してもらい、父親と2人で話をすると、父親は次のように話し始めた。

　「家庭内に居場所がないんですよね。単身赴任の前も、私は仕事仕事で家にはただ寝にかえるだけのような生活をしていましたので、いつのまにか家庭のことに口を挟めなくなっていたんです。例えば、あいつ（A）のことを厳しく叱ろうとすると女房の方が妙にそれをかばうんですね。何か私が口出しをしようとすると、女房がそれをさえぎるというか……そんなこんなで、いつのまにか家のことにあんまり口出しをしなくなったというか、今となっては弁解ですが……」

　このように母親は「頼りにならない夫（父親）」と言い、父親は「口出しをさせない妻（母親）」と弁解する。ここには夫婦の連携が全く機能していないことが如実に表れている。

　一方、このような状況の中でAは高校に進学したが、そのつっぱりの態度が災いして年長者から目をつけられ、「電車の中で睨まれたり駅で殴られるようになった」（A）という。そのためにイライラした気持ちの中で今回の事件を起こしてしまったというのである。

　いわば不安定な心理状況の中で今回の事件を起こしてしまったといえるが、調査官とAとのラポールが深まるにつれて、Aはさらにその複雑な心境を語り始めた。

　「学校に来ないっていう連絡が親のところにあって、母親は、何で学校に行かないの って、ギャーギャー言うし……僕だって行きたかったですよ。

（調査官『そうなの』）行きたかったですよ。でも先輩が怖くて行けないなんて、格好悪くて言えないですよ。（調査官『どうして』）やっぱ、つっぱってるから。（調査官『で、お母さんには何て言ってたの』）かったるいから行きたくねえんだよって。（調査官『じゃあ、先輩からいじめられてるのは、お母さんは知らなかったわけね』）お母さんも学校も知らなかったと思います」(A)。

　つまり、Aは学校に行きたいが、先輩が怖くて行けない。しかし、つっぱっている手前、そんな弱さを母親には見せられない。相談もできない。そんな危機的な心理状態の中で今回の事件を起こしたのである。

　このAの事例に示されるように、現代では父親機能の弱い家庭の非行が目立ってきている。

　その典型を挙げると、一つは、いわゆる社会性の未熟な粗暴非行。つまり、父親の社会性付与の機能がうまく作用しないために、規範意識が形成不全となり、怖いもの知らずの傍若無人な態度をとるのである。

　二つ目は母子密着の強さから、完全に母親に支配され、一種の心理的な窒息状態から、シンナーなどにのめり込んでしまう薬物耽溺型の非行である。

4　事例の考察

(1) システム論的家族療法（遊佐，1984）からの理解
（強い母の孤立という悲劇）

　Aの家庭では、父親が適切に機能しなかったといえるが、この家庭の場合、Aの父はどのように機能すればよかったのだろうか。この家庭に必要な父親の機能とは、具体的にどのようなものだったのであろうか。その点を考察してみたい。

　遊佐（1984）は、「システムとしての家族を対象として発展してきた家族療法」を「システムズ・アプローチに基づく家族療法」もしくは「システム論的家族療法」と呼び、具体的な方法論を紹介しているが、ここでは、システムとして家族を理解し介入していく方法を、広くシステム論的家族療法とし、まずはその観点から考察していくこととしたい。

　Aの家庭では、母親が強くて支配的な存在と受け止められがちである。しかし、実際は、母は決して強くはないのである。本研究では、そのことを特に強調し説明を加えたい。

　母親は父親のことを「頼りにならない」「相談のしがいがない」などと軽視し、拒絶するようになった。そのために母親はますます家庭の中で支配的にならざるを得なくなったのだが、その一方で母親は心理的にはますます不安定になっていったことに注目しなければならない。

　母親は、父親が「頼りにならない」ために、父親を拒絶して家庭外に排除していく。このことは、逆に母親の孤立を深め、内面的な支えを失うことに他ならない。

　父親を侮蔑すればするほど母親は孤立し、内面的に不安定になっていくのである。したがって、母親は一見強そうに見えるが、その内面は不安定そのものなのである。そのためにますます心配性になり過干渉な態度を強めていったのである。

　この家族の機能不全は家庭からの父親の排除と母親の不安定化の悪循環として理解される。

　支配的な母親は父親を「頼りにならない」として侮蔑して家庭外へ排除する（父親の排除）。母親はいっそう支配的となるが、内面的な支えを失い、内面的な不安定さは増大する（母親の不安定さの増大）。母親は不安定さを

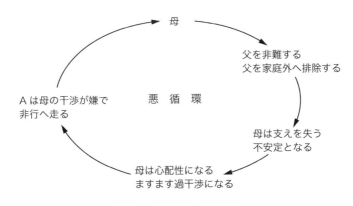

図 5-1　非行をめぐる悪循環

補償しようとして、ますます子どもを支配下に取り込み過干渉に接する（母親による子どもの私物化）。子どもは母親の過干渉を拒否して非行に走る。母親は父親を「頼りにならない」として家庭外へ排除する。

　図示すると図5-1のようになる。

　このような悪循環の図式の中で非行が現れることは、臨床の中で頻繁に認められる。

（2）非行の意味と父性

　さてここでAの非行の意味を考えてみたい。

　Aの非行の家族（特に母親）へのメッセージは「子ども扱いするな」「一人前の男として扱え」というものである。そして、家庭が「オンナオンナしていて」「何でも女っぽい考えで動」いていることに対して、過度に男性性を強調しようとしたものと理解することができる。ここで、この「男性性」「男らしさ」に対して、Aは、ある種の取り違えを起こしたことに注目したい。

　Aは「男らしさ」を強調しようとしたのだが、彼には「男らしさ」がどのようなものか理解できなかったといえる。なぜなら、困ったことに父親が男性としてのモデルになりえなかったからである。そこでAはある錯覚に陥ってしまった。つまり、Aは「男らしさ」と「乱暴」を取り違えたのである。

　「乱暴になること」と「男らしさ」は違うはずである。ところがAは「乱暴になること」と「男らしくなること」を勘違いした。そして、Aはどんどん乱暴になっていった……。比喩を用いていうならば、このことがある種の風を起こし、前述の悪循環の風車をくるくると回したということになるのである。

5　父親についての精神分析的理解

（1）現実の夫の軽視と強い夫への依存願望

　Aの家庭のような、父親が排除されていく家庭においては、父親はどの

ように機能すればよいのだろうか。文字通り「強さ」を表す努力が必要だったと考えればよいのだろうか。

　しかし、現代では速水の指摘を待つまでもなく、妻が強い夫に従属していくという夫婦の形態は時代の流れの中で崩壊しつつあるといえる。ただし、妻が単に夫のリーダーシップを拒否しているだけかというと、それほど単純ではない。

　本事例の中でも、妻（母親）は夫（父親）について「頼りにならない」「相談のしがいがない」として夫を拒否しつつも、「頼りにしたい人物」「相談したい人物」として調査官に非常に強い依存心を向けてきていることに注目したい。

　このことは、言葉を換えれば、現実の生活レベルでは夫のリーダーシップを拒否しつつも、内面では「強い夫」に依存したいという、きわめてアンバランスな心性があると考えられる。

　家庭裁判所で夫婦の離婚調停事件などを扱うと、このことはもっとはっきりする。現代の夫婦関係においては、妻は意識上では絶対に夫に負けたくないという姿勢をとりつつ、無意識レベルでは「強い夫」に依存したいという強い願望があり、これらが乖離していることがしばしば認められるからである。これらを考えると、この点、すなわち、妻のこころの中には、絶対に夫には負けたくないという気持ち（意識）と「強い夫」に依存したいという気持ち（無意識）が共存し、それらが乖離しているところに、現代の夫婦関係の一つの特徴があるのではないかとさえ考えられるのである。

　それではどのように父親が機能すればよいのであろうか。

(2) 母親を支え助ける機能

　ストーラー（Stoller, 1977）は前エディプス期における父親の重要な機能を次のように述べている。

　　1）母親を支え、助ける機能
　　2）報酬と懲罰により子どもの行動を直接的に修正する機能
　　3）同一化のモデルとしての父親の機能——これは男子にとって特

に重要となる

　4）愛情対象としての父親の機能——これは女子にとって特に重要
　　　となる

　本研究では、この中の「母親を助け支える機能」と「同一化のモデルと
しての父親の機能」に注目したい。

　Aの家庭には、まさしく父親の「母を助け支える機能」、母をサポート
する機能が必要だったと考えられる。すなわち母親の不安定化をくいとめ
安定化させる機能である。

　核家族化が進む現代家庭においては、直接育児に携わる母親は孤立しが
ちである。父親はその協力体制の核にならねばならないのである。

　母親にとって、妊娠、出産は一種の危機的場面である。そこでは母親は
心身ともに不安定にならざるを得ず、それを支えてくれる存在が必要とな
る。

　ここで夫がその要求に応えられるかどうかが、その後の夫婦関係、家族
関係を大きく左右する。すなわちこの時期に夫婦としての信頼関係を樹立
できるかどうかが、その後の信頼関係に大きな影響を与えると考えられる
のである。

　このように考えると、父親の役割というものはエディプス・コンプレッ
クスの時期に突然現れるものではないことが理解できる。まさしく妻の妊
娠、出産とともに父親機能は行使されなくてはならず、ちょうど、子ども
の人格形成の上で早期の養育状況が多大な影響を及ぼすように、父親機能
が家族の中で適切に機能するには、妊娠、出産の時期からの早期の関わり
の成就の正否が大きな鍵になるといえよう。

　夫婦は通常は恋人時代、新婚時代、妊娠、出産という順を踏むが、恋人
時代にお互いに自分の理想像を相手に投影していたものが、現実の夫婦の
関わりの中で、現実と理想のギャップが自覚されてくる。つまり幻滅過程
が進むわけだが、ちょうど出産、育児の時期とこの幻滅の時期が重なり合
い、いわば相乗効果を及ぼして夫に対する拒否感が醸成されることが少な
くないように思われる。

　また、「4（2）非行の意味と父性」で記述したように、この少年にとって父親は「同一化のモデル」として十分機能していない。このことは思春期のいわゆるアイデンティティを確立する時期に一つの問題となったといえよう。

　以上のようなことから、エディプス期における父親の役割の重要性はもちろんのことながら、本研究では、早期の父親の役割、言い換えれば前エディプス的父親役割の必要性を強調し、中でも、とりわけ父親の「母を助け支える機能」の必要性を強調しておきたい。

（3）前エディプス的父親とエディプス的父親

　マーラー（Mahler, M. S.）は前エディプス期の父親について言及し、再接近期に、父親は子どもにとって重要な直接的対象となると指摘している。すなわち「母親との分離と一体感を自由に体験することの大切なこの時期に、母親の側の分離不安が強くて子どものこのこころの動きにうまく応じてやれないと、子どもの分離個体化の発達に困難が生ずる。母親の分離不安を解決するために、父親は大きな支えであるし、密着した母子関係を自然に切るためにも父親の存在が必要である。さらに母親から離れていった子どもにとって新しい基地としても、父親は重要である」（舘, 1992）という。

　また、アベリンは、「微笑反応などで始まる父との関係は、母親や同胞に対するのに比べてやや遅れるが、母親に対してと同じ共生期に始まり、分化期には父親への愛情を増し、練習期には父親に特別の感情を向けるようになる」「練習期には父親は幼児の外界への探索活動の高まりを体現している非母性的存在となる」「練習期の終わり頃から再接近期には、母親との関係は両価性に満ちたものになっていくが、父親との関係は母親とのアンビバレンスを解決するのに必要な愛情対象であり続ける」（舘, 1992）と指摘する。

　ブロス（Blos, 1990）も、前エディプス期のいわゆる二者期の父と息子の良好な関係の重要性を指摘し、これは陰性エディプス・コンプレックスという否定的な言葉で片づけてはいけないものであり、この時期の父子関

係が今まで過小評価されてきたことを非難している。

　これらを考え合わせると、エディプス期と前エディプス期では父親の役割に差があること、前エディプス期の父親役割が過小評価される傾向があったことなどが窺われる。

　男子に限定してみると、エディプス期の父親は敵対するものとして立ちはだかり、母子関係を断ち切るものとしての様相が強いが、これと比較すると、前エディプス期の父親は、子どもが良好な感情を向ける対象であり、母子関係を断ち切るものというよりは、密着した母子関係の中から、子どもを外界へ「引っぱり出す」存在と考えられる。

　したがって、父親は子どもの発達段階に応じて、関わり方が変化すると考えた方が矛盾が少ない。

　まず良好な父子関係があり、信頼関係が樹立された上で、エディプス的な父親、すなわち権威者として立ちはだかる存在として現出するべきものと考えられるのではないだろうか。

　本研究では前エディプス的な父親の役割機能を重視し、とりわけ、その父親の機能を中心として、母親を支え安定化する機能を強調したい。

▎ 6　改めて父親の権威とは

　父親の権威的な態度は、現代の風潮に合わないのではないかとのことであったが、ここで、少し違った角度から問いを投げかけてみたい。

　現代の父親の権威の低下とは、要するに、妻に対する夫の問題に他ならないのではないか。つまり、夫婦間の力関係の問題にすぎないのではないか。簡単にいえば、妻に対して夫の権力・支配力が弱くなっただけであり、それと子どもに対して父親が権威を持てなくなるということは、無関係ではないかということである。

　我々は妻に対する夫の権威と、子どもに対する父親の権威というものをどこかで混同したり、取り違えたりしてきたのではないだろうか。

　夫が妻に対して権威的になることは「男女平等思想」から当然非難されうることである。しかし、親が子どもに対して権威を持つことは、民主主

義とも男女平等思想とも抵触しないことなのである。

アベリン（Abelin, 1971）によれば、父は gender identity だけでなく、generation identity をも育て、促していくという。その意味からも、親は「年長者」としての誇りと力をもって子どもに向かい合うべきであろうし、「大人」として「子ども」に対して権威を持つべきであろう。この見地から父親の権威をとらえ直してみてはどうだろうか。

エディプス期に至った子どもに対しては、父は社会の代表として、大人の代表として、子どもに立ち向かわなければならない。子どもの発達課題として、権威の内在化、社会性の形成は必要なものであろう。

父親が子どもに対して権威を行使できない原因をもう少し深く考えてみると、それは父親側だけの問題ではなく、母親側にも存在していることがわかる。父親については前述したように父親は家族の中で信頼を得ていなければ権威を行使しても効果がないということである。

もう一方、すなわち母親側の問題は何かというと、父親が子どもに対して権威的に接すると、それを母親が自分に対して権威的に振る舞っていると受け取り、それを拒否する傾向が認められることである。つまり、子どもに対する夫の権威を妻が許さないのである。

この原因としては母親自身の自立が未熟であることが挙げられる。

このことは、先に述べた現代の夫婦の特徴、すなわち妻のこころの中には、夫に絶対に負けたくない願望（意識）と「強い夫」に依存したい願望（無意識）が共存し、乖離している現象と関係がある。

この絶対に夫に負けたくない気持ちは、長年の女性差別に対する補償作用と理解したい。つまり、それだけ女性差別が激しかったという証ともいえる。夫の権威を妻が許さないのは同じ理由からであると考えられる。したがってこの傾向は過渡的な現象とも理解されうる。すなわち、社会が女性の自立をさらに認め、女性自身が自立していくことで解消されうる可能性がある。現実の個々の生活においては母親（妻）が、無意識的な「強い夫」への幻想的な依存を自覚し（意識化し）、克服することが必要であろう。そして、夫婦がお互いに平等なパートナーとして人格を認め合い協力体制を作り上げることが求められる。そういう基盤の上で初めて父親が子ども

に対し健全なリーダーシップを行使できるのではないだろうか。

　本研究では、子どもの出生早期からの、父親の「母親を助け支える機能」というものにもっと注目すべきではないかと指摘してきた。父親の役割をこの「母親を助け支える機能」を中心に考えるならば、それは、家庭の調整役、安全弁としての父親の姿である。さらに付言すれば、それは母親の情緒を安定化させる、調整機能としての父親の姿であり、家族全体を一つの生体と見れば、外界と内界をつなぐ「自我機能としての父親」の姿である。このような見地から、現代に見合った新しい父親の役割を再考することも可能ではないだろうか。

　ベラック（Bellack, L.）は自我の機能を次のように分類している（深津，1992）。

　　1）現実検討
　　2）判断
　　3）現実感
　　4）思考過程
　　5）自律的な自我機能
　　6）刺激防壁
　　7）欲動、感情の統御と調整

　このような機能の類推から父親の機能を考察することの可能性を問題提起しておきたい。

▎7　二つの方法論を用いることの意義について

　最後にシステム論的家族療法と精神分析的アプローチ（精神力動論的アプローチ）という二つの方法論を用いることの意義について、考察することにする。

　そのためには、まず、両者のアプローチの違いを明確にする必要があるだろう。筆者が考える最大の違いは「コンテクスト（context）とコンテン

ツ（contents）」（東，2010）に関する問題である。家族療法では主としてコンテクストを扱う（東，2010）が、これは家族療法家一般に共有されている考え方である。

東（2010）は、次のように述べている。

> （家族療法の修得においては）できればさまざまな社会状況の中で、少なくとも治療場面の中で、コンテンツではなくコンテクストを重視する思考法を修得し、その上で、「コンテクストを変化させる技術」を身につけていくことである。……コンテンツは「内容」と訳される。コンテクストは「場、状況、前後関係、関係性、文脈」等と訳される。簡単な例を示すと、「馬鹿！」という発言はコンテンツであるが、その際にみせた「笑顔」や「怖い顔」もコンテンツであり……それらを組み合わせて、「笑顔で『馬鹿！』と小声で言った」と表現するとコンテクストが浮かび上がってくる。

　精神分析を含めて一般のカウンセリングで扱うものは、主としてコンテンツである。例えば、「不登校のレベルが重い」といった考え方はコンテンツに関わる考え方である。病態水準の考え方も、コンテンツに関わるものであり、精神分析やユング心理学はコンテンツを主に扱うものといってもよいだろう。一方、コンテクストは関係性であり、システム論的家族療法ではこれを扱う。

　筆者は、本研究ではこれら双方を扱う立場をとった。これに関しては、家族理解におけるコンテンツとコンテクストの相補性という考え方をとっている。システム論的家族療法の視点では、コミュニケーションの悪循環を分析し、コミュニケーションを変容させる方法論を用いた。一方、精神分析的アプローチでは、前エディプス的・エディプス的という概念を導入し、質的・内容的な考察を深めた。筆者の考えるところでは、家族の理解は、関係的な側面（特にコミュニケーションの側面）の理解と、質的な違いと深さの理解の、両方が必要だという考え方をとっているのである。本研究では、このような複眼的なアプローチをとった。そして、家族へのアプ

ローチの理解が深められたと考えている。

家族療法と個人心理療法を組み合わせることの意義

　本稿は、家族療法と個人心理療法（とりわけ力動論的アプローチ）の要素を組み合わせる試みでもあった。本稿は村尾（1999b）を素材に論考を深めたものだが、そもそも、村尾（1999b）は発表当時は、チャレンジングな取り組みだと考えて、論考を試みたものであった。その後、このような家族療法と個人心理療法（個人療法と略す）を組み合わせる方法はさまざまなところで、試みられるようになった（例えば、野末，2003：中釜，2010など）が、被害者意識と加害者意識に焦点を当てて、家族療法と個人療法を組み合わせて非行少年の改善を行おうとする試みは、多くはない。この点で、大原（2022）の試みは重要な意味を持つといえる。大原は次のように述べている。

　　　システム論に基づく家族療法の考え方には、被害者意識と加害者意識という個人内の心理的次元と現実の被害者−加害者の関係の次元を扱う上で重要な視点がある。その一つである円環的因果律には、個人と環境との相互作用から物事を捉える視点があり、支援の可能性を広げることに貢献する（廣井，2007：生島，2016）。もう一つは個人内の心理的次元と関係の次元の両者が相互に影響しあう理論的基盤として、個人面接と家族療法をシステミックに統合していく視点がある（平木，1996）。すなわち、心理的次元には個人面接、現実関係には家族療法を活用し、それらを繋いでいく方法論上の示唆がある。

　大原（2022）は、このような心理臨床の基本構造を構築しながら、「家族からの金銭持ち出しを繰り返し、幼少期から家族との関係にさまざまな問題を抱え児童自立支援施設に入所した非行少年と家族の間にある被害と加害の関係に焦点を当て、被害者意識と加害者意識の扱い方と個人面接と家族合同面接を繋いでいく方法」を提示している。すなわち、父親からの

虐待行為の被害者という側面を持つ少年と、父親は虐待行為の加害者でありながら、少年の非行については被害者として自覚しており（「加害と被害の逆転現象」（橋本，2004）、本書236～237ページ参照）、それらの加害者・被害者意識を個人面接と合同家族面接をつなぎながら心理臨床を展開し、非行・犯罪を繰り返す者の「加害者でありながら被害者意識が強い」という臨床テーマに対処していったのである。

8　被害者意識との関連

　第1章において、非行の背景には被害者意識があることを述べたが、非行行動の具体的な理解においても、被害者意識（被害感）[2]に着目することは重要である。前述の大原（2022）の試みも、その意味できわめて興味深い。最後に、被害者意識とシステム論的家族療法、特にその非行臨床との関係について、考察しておきたい。

　本章の「強盗致傷を起こしたＡの事例」において、家族内のコミュニケーションの悪循環が生じていることを考察したが、その背景には、被害感・被害者意識が存在していることは明らかである。母親が父親を家族から排除しようとする背景には、育児への父親の非協力的な態度に対する、母親の強い被害者意識が見て取れるし、父親には家庭から排除される被害感・被害者意識が存在する。少年には、母親からの過干渉な態度に対する被害感・被害者意識が強力に作用している。この事例のシステム論的家族療法的アプローチにおいては、このような行動やコミュニケーションの悪循環の理解が不可欠であるが、この理解に際して、被害感・被害者意識の理解が重要な要素となりうることを述べておきたい。

　悪循環の図式の作成には、円環的質問法（亀口，1999）が用いられることが多いが、この質問を投げかける場合に、被害感・被害者意識を手掛かりにすることは有益である。円環的質問法は、もともとは「ミラノ派のセラピストが円環的認識論を十分に踏まえた上で、実際の面接場面での具体的な手順として発展させてきた」ものであるが、「現在では、狭義のミラノ派にとどまらず、世界的な広がりを見せており、各国で独自の工夫がな

されている」（亀口，1999）。ここでは、円環的質問法について、会話や行動の円環的連鎖を明らかにしていく技法として、いわば広義の意味で円環的質問法を想定してみる。

　親子のやり取り（多くはトラブルとなったやり取り）について、具体的な場面を想定し、少年のとった行動に母親はどのような対応をしたか、その対応に父親はどのように対応したか、父親の態度・行動に少年はどのように対応したか、このようなコミュニケーションや行動の連鎖を理解していくわけだが、この質問の投げかけを考えるに際し、被害感・被害者意識を手掛かりにするのである。

　例えば、少年のとった行動に母親はどのような対応をしたか。それを理解する際に、同時に、母親はどんな被害感をもって、どんな対応をしたのか、また、その対応に父親はどのように対応したか、その態度に対して、母親はどんな被害感を持ったのか、また、父親の態度・行動に少年はどのような被害感を感じたのか。そして、具体的にどのような行動やコミュニケーションをとったのか。このように被害感を中核とした行動やコミュニケーションの連鎖がどのように生じたかを理解していくわけである。つまり、質問の投げかけを考えるに際し、被害感・被害者意識を手掛かりにするのである。被害感・被害者意識はどのように連鎖し、具体的に行動やコミュニケーションが展開していったかを理解していくことで、非行行動と家族の対応の悪循環が浮かび上がってくる。このように被害者意識を手掛かりとして、家族内のコミュニケーションの連鎖を検討していくことは、非行臨床においてはきわめて大きな意味を持つといえる。このことを強調しておきたい。

　もちろん力動論的な非行理解においても、被害者意識を手掛かりにすることは意味深い。しかし、このことは、すでに第3章において論考している。

注
1) 本稿は、村尾（1999b）に加筆修正をしたものである。事例は村尾（1999b）で公表されたものであるが、取り上げた事例は、すべて固有名詞を匿名表現とし、個人情報

は最小限の記述にとどめ、なおかつ、本質が変わらない程度に一部を変えるなどの加工を施してある。これらはすべてプライバシー保護の観点から行ったことである。

2) 本研究では、被害者意識とは「被害者の立場に身を置こうとする心性およびその被害感」と定義しており（第1章）、被害者意識に被害感を含めて考えているが、被害感という用語を用いた方が説得力がある場合は、あえて被害感という用語も用いることにする。

第6章

非行臨床の方法（4）
精神分析的ブリーフセラピーと
被害者意識

1 はじめに [1]

　筆者の非行臨床は、第5章で論じたように、精神分析とシステム論的家族療法の認知枠組みで構成されている。筆者の精神分析的アプローチの非行臨床への適用は、背面法や毎日分析などの正統的な精神分析の適用ではない。ブリーフセラピー的なアプローチの適用である。ここでは、精神分析的ブリーフセラピーについて論じる。

　我が国で出版されている「brief therapy（ブリーフセラピーとカタカナ表記する）」と銘打った著作、あるいは「ブリーフセラピー」として取りざたされる論文の大半は、いわゆる家族システム理論や、家族療法の流れの中から生み出されたものである。とりわけ我が国では、精神分析的な視点によるブリーフセラピーについての関心がやや低いように思われる。

　本章では、まずは精神分析の視点に立つブリーフセラピー（以後、精神分析的ブリーフセラピーと略す）を取り上げ、モルノス（Molnos, 1995）のbrief dynamic psychotherapy（ブリーフ・ダイナミック・サイコセラピーとカタカナ表記する）を詳細に紹介しながら、精神分析的ブリーフセラピーの歴史を概観し、複雑に交錯する用語を整理した上で、精神分析的ブリーフセラピーの実践を検討する。本章では、筆者自身の実施した非行臨床のケースは扱わず、精神分析的ブリーフセラピーそのものに焦点を当て、その歴史やその実践的価値等について、論考を深めたい。その上で、さらに被害者意識との関連についても言及する。モルノスの述べる着目点、「破壊的怒りと癒しの怒り」を考察し、この考え方の一つの応用として、被害者意識を検討してみる。具体的には、「破壊的被害者意識と癒しの被害者意識」の概念を提出し、その有効性についても触れる。

　まず、モルノスの臨床的立場について簡単に触れておきたい。

　モルノスは心理学で博士号を取得した女性の心理療法家である。当初はステレオタイプや偏見など社会心理学的な研究に従事しており、彼女がブリーフセラピーに関わるようになったのは、1973年にロンドンに生活の場を移してからと考えられる。彼女はロンドンにあるタヴィストック・クリニックで行われる、マラン（Malan, D. H.）主催のブリーフ・ダイナミッ

ク・サイコセラピーのセミナーに参加するようになり、マランのスーパービジョンのもとで患者をみるようになったのである。

　ここで、筆者がモルノスを取り上げた理由について触れておきたい。

　モルノスには独創的な考え方も随所に見られるが、上記のように理論の根幹はマランに負うところが大きい。マランはバリント（Balint, M.）やウィニコット（Winiccott, D. W.）に近い対象関係学派の分析家であり、brief psychotherapy（ブリーフ・サイコセラピーとカタカナ表記する）の発展に貢献した人物としても知られている。我が国でも『心理療法の臨床と科学』（鈴木龍訳、誠信書房）の著者として名高い。モルノスの著書（Molnos, 1995）のブラウン（Brown, D.）による序文にも「アンジェラ・モルノス（Angera Molnos）が提供するものは、フェレンツィ（Ferenczi）やアレキサンダー（Alexander）、フレンチ（French）、バリント（Balint）、マランその他の伝統を継承しつつ、そこからの発展としてのチャレンジである」と記されている。モルノスがこのようなしっかりとした基礎の上に成り立っている理論と実践だということも、本稿で取り上げる理由の一つである。マラン派のブリーフ・ダイナミック・サイコセラピーは欧米では大きな流れを形成していると考えることができる（Solomon et al., 2001）。

　さらに本稿で取り上げたもう一つの理由は日本の心理臨床の事情に適合しているからである。モルノスが想定しているセッションの頻度と回数は、おおむね週1回で30〜40回くらいを目安にしている。正統的な精神分析は寝椅子を使った毎日分析ということになろうが、日本の心理面接は週1回くらいの頻度で行われることが多い。すなわち、日本の心理臨床は本質的にブリーフ・サイコセラピーなのである。モルノスの考え方と手法はしっかりとした基礎の上に成り立っており、その意味で、紹介し、検討を深めることが意義のあることだと考えたからである。

2 精神分析的ブリーフセラピーについての偏見と実践の歴史

(1) ブリーフ・ダイナミック・サイコセラピーに対する偏見

　モルノス（Molnos, 1995）はブリーフ・ダイナミック・サイコセラピーについて「患者とセラピストは、分析的analyticな心理療法は長く時間がかかればかかるほど良いと信じてしまっているようである。休日と週末の休みだけを除いた1週間（毎日）のセッションにすれば、それだけプロセスは『深く』『強力な』ものになると考えたり、またセラピーがいったん終結すれば、『治癒』は完全で、患者は二度とセラピーを必要としないだろうと考えてしまうのである。ブリーフセラピーをより頻繁に求める患者は（中略）、即席の回復を望んだり、変化の痛みを避けようとするものは少ない。この国（イギリス）でブリーフ・ダイナミック・サイコセラピー（BDP）を実践するセラピストは、複雑な思いでいる人が多い」と述べている。

　ブリーフ・ダイナミック・サイコセラピーや時間制限のある精神分析的心理療法の形態、すなわちブリーフなものへの偏見は根強い。不十分で表層的なセラピー、あるいは、健康な人にだけ有効なものという程度にしか理解されていない。これらの見方は、大半が間違った理解に起因しており、ブリーフ・ダイナミック・サイコセラピーを間接的に知ったり体験したりして、要するに直接的に知ったものではないことから生じたりしているのである。

　次に示すものは、とある病院のさまざまなスタッフが感じたブリーフ・ダイナミック・サイコセラピーへの懐疑や異論である（Molnos, 1995）。

　　それは不純な、「まがいもの」、新しい「一時的に流行しているもの」、表層的な変化しかもたらさないもの……患者に起こる変化は長続きしない……セラピストを信頼できるようになるには時間が不十分……成人のこころはブリーフ・セラピーには複雑すぎる……完全に仕事をやり遂げるには時間が不十分である……ブリーフ・ダイ

ナミック・サイコセラピーは患者に説教をするものだ……患者には
有害なものだ……ブリーフ・ダイナミック・サイコセラピーに向く
のは「健康な」人に限られる。(Molnos, 1995)

　もちろん、最も深刻な偏見は、精神分析的なトレーニングを受けて心理
療法を学んだことへの抵抗である。モルノス (Molnos, 1995) は次のよう
に指摘する。「ダイナミック・サイコセラピーのブリーフな形態を実践す
ることは、自分の好みや気持ちに逆らっていかざるを得ないことを意味す
る。多くのスーパーバイザーがブリーフ・ダイナミック・サイコセラピー
を良しとしないからである。そのため、仲間から加えられる目に見えない
厳しい社会的なプレッシャーに逆らい通さねばならないことになる。(中
略) 長期療法のセラピストに常識になっている期間を持続する。それは社
会的プレッシャーでもある。(中略) 中には次のような罪悪感を感じるも
のもいる」(Molnos, 1995)。

　「……セラピストは今までスーパーバイザーに決して言わなかったよう
なことばかり行うのだから。あるいはスーパーバイザーに話をしないで秘
密裡に行う」(Wachtel, 1988) ということからくる罪悪感である。

　モルノスは、「(精神分析の世界には) 時間を制限するセラピーや断続的に
行うセラピー、(毎日分析ではなく) 周期的に繰り返されるセラピー、集団
療法への抵抗は強いものがある。三つすべてを行っている場合の抵抗はな
おさら強い」と指摘している。

(2) 精神分析を短期化することへの抵抗の歴史

　ブリーフ・ダイナミック・サイコセラピーはあたかも新しいものである
かのように、また最近のものであるかのように語られることが多い。しか
し、これは間違っている。「20世紀の初期から、治療の方法は短期 (short-
term) だったのである」(Wolberg, 1980)。

　ブリーフ・ダイナミック・サイコセラピーに関していえば、その歴史は
精神分析そのものの歴史と同じくらい古い。両者は互いに並んで進歩して
きた。古典的な精神分析はブリーフ・セラピーの形態から発展してきたと

表6-1　ブリーフ・ダイナミック・サイコセラピー：その歴史
（主な貢献者、彼らの鍵概念、最も関連する年代）

まず，フロイト（Freud, S.）自身のもの
例えば，ブルーノ・ワルターの援助は1906年の6セッション
グスタフ・マーラーは1908年の4セッション

フェレンツィ（Ferenczi, S.）：「積極療法 active therapy」（1920年代）
ランク（O. Rank）：「意志療法 will therapy」（1930年代）
シュテーケル（Stekel, W.）：「フォーカスト・セラピー focused therapy」（1940年代）

アレキサンダーとフレンチ（Alexander, F., & French, T. M.）：
「修正感情体験 corrective emotional experience」（1940年代）

シフニオス（Sifneos, P.）：「不安喚起療法 anxiety-provoking therapy」（1950年代）

マン（Mann, J.）：「時間制限精神療法 time-limited psychotherapy」（1960年代）

バリント（Balint, M.）：「集点付け療法 focal therapy」（1950年代）
マラン（Malan, D. H.）：サイエンティフィック・アウトカム・リサーチ –
scientific outcome research：TCP–リンク（1970年代）

ダーバンルー（Davanloo, H.）：患者の抵抗を使い果たさせる「トライアル・セラピー trial therapy」（1980年代）

（Molnos, 1995）

いう人さえいる（Molnos, 1995）。

　フロイトの初期のケースはブリーフセラピーであった（Molnos, 1995）。しかし、彼は自分のセラピーを短くしようとしなかった。その一方で、その方向で実践をし始めた人たちもいた。彼の同時代の人としては、フェレンツィ（Ferenczi）やランク（Rank）らが主要な人たちである。彼らは短期化する技法を発展させていった。モルノス（Molnos, 1995）はブリーフ・ダイナミック・サイコセラピーの歴史を表6-1にまとめている。

　アレキサンダーとフレンチ（Alexander, F., & French, T. M. 1946）は伝統的な技法の修正を試み始めた。すなわち、寝椅子の代わりに椅子を使う、頻度を変える、終了に先んじた計画的な中断を入れる、などである。彼らのアプローチの中には修正感情体験corrective emotional experienceが含まれている。これは、非常によく知られたものである。

　しかし、ブリーフセラピーの進展には奇妙な断続が生じ出す。グスタフ

ソン（Gustafson）の疑問——「なぜブリーフ・サイコセラピーの秘密は解き明かされないままなのか」（Gustafson, 1981）——は、依然として答えが出ないままである。幾度もこの複雑な疑問は繰り返されるのである。ブリーフ・アナリティック・セラピーのパイオニアたちは周期的に出現し、従来的な考え方に自分たちの貢献を付け加え、短期化の技法を磨いていくのである。すなわち、シフニオス（Sifneos）、マン（Mann）、バリント、マラン、ダーバンルー（Davanloo）、ホロヴィッツ（Horowitz）、グスタフソンその他の人々である。

　同時に、精神分析は大きく成長し、週ごとのセッションの回数が増えていくようになった。「精神分析とは長い（長期の）ものと考える傾向（中略）が、セラピーの期間を増や・し・て・い・く・方向へと進んでいった」（Mann, 1973）。「このことは30年前から始まった。その状況はそれからそれほど変わってはいないと考えられるのである」（Molnos, 1995）。

　まとめると、サイコセラピーを短くすることへの試みは精神分析の初期からその歴史全体を通して手がけられてきたのである。

　モルノスは、治療期間は長ければ長いほど深い治療が展開しているのだと錯覚している人が非常に多いと厳しく批判する。そして、前述のようにフロイト自身の治療もブリーフだったのだと述べるのである。ところが、その後、精神分析は長期化の方向へと進んでいく。その理由は、「一つは治療そのものよりも無意識の探求といった学究的な探求へと興味関心が移っていったこと、完全に治癒されるまで治療を続けなくてはいけないという、もっぱら治療者の神経症的な完全癖などが挙げられている」（Molnos, 1995）。モルノスは、患者を治療する、援助するという原点に立ち戻らなくてはいけないと指摘するのである。イギリスでは心理療法を受けるまでに1年近く待たされることがざらにあるようである。このような事情もブリーフセラピーの隆盛には深く関係している。治療が長期化することの原因に対するモルノスの分析は鋭く、ベテランの心理臨床家も危機意識を持つべきであろう。

　モルノスは我々の日常生活のスピードはたいへんに高速化しているという。ところが、セラピーは長期化する。対照的である。その一因は、患者

がセラピーの無時間性の中に入り込んでしまうからだという。無意識は無時間性に支配されている。この日常生活の高速性とセラピーの無時間性がバランスをとっている時はよいのだが、バランスが壊れる時が問題である。その時とは、セラピーの終結、あるいはセラピストと患者が分離する時だと考える。そのため、モルノスは「分離」あるいは「終結」というものに着目するのである（本稿では、このことはあまり取り上げることはできなかった）。

▌ 3 用語の整理

　さて、ここで用語の整理をしておきたい。ブリーフセラピー brief therapy という用語がある。また、ブリーフ・サイコセラピー brief psychotherapy という用語がある。また、分析的 analytic（アナリティックとカタカナ表記する）、力動的 dynamic（ダイナミックとカタカナ表記する）という用語がある。これらはどのように用いられているのだろうか。モルノス自身は自らの治療手法をブリーフ・ダイナミック・サイコセラピーと位置づけている。

　モルノス（Molnos, 1995）に従えば、ブリーフセラピーという用語は非常に広いカテゴリーを示すものとして使われている。一般にブリーフセラピーという用語はかなり曖昧に用いられているようである。

　さて、そうするとモルノスは用語法について無頓着なのかというと、そうではない。むしろ逆である。これらの用語をきちんと整理して使用している。ここで簡単にモルノスの説明を中心に整理しておく。

　「ダイナミック dynamic（力動的な）」と「アナリティック analytic（分析的な）」は相互に互換可能なものとして使用する（ただし、これらは正確には同じ意味ではない）。

　「ダイナミック（力動的）」は「サイコダイナミック psychodynamic（精神力動的）」の略記法である。これはすなわちフロイトのうち立てた概念枠組みに基づいていることを意味する。言葉を換えると、「ダイナミック dynamic」あるいは「サイコダイナミック psychodynamic」あるいは「ア

ナリティック analytic（分析的）」あるいは「サイコアナリティック psy-choanalytic（精神分析的）」は、このフロイトの精神分析の概念を基本にしたものだということになる。自我、エス、超自我、意識、無意識、内的コンフリクト、自我防衛といった概念に基づくものである。心的現象は意識的、無意識的な異なった力が互いに作用した結果であり、相互に圧力を与え、内的なコンフリクトを生み出す。このような考え方を基礎としている。

　さらに厳密にいうと、「ダイナミック dynamic（力動的）」と「サイコアナリティック psychoanalytic（精神分析的）」は同じではない。「ダイナミック dynamic」は広い概念であり、より包括的で、より柔軟な概念である。一方、「サイコアナリティック psychoanalytic」はより精神分析的で、より限定的（特殊）な内容となる。古典的な精神分析の技法や考え方、例えば、自由連想の原則、退行や転移神経症の発達を促進する、寝椅子を用いるといったことを固守する場合にのみ、セラピーは「サイコアナリティック psychoanalytic（精神分析的）」と呼ぶべきだという考え方があるが、モルノスは議論の余地があると述べている。ただし、このような古典的な精神分析の手法はブリーフセラピーでは用いられない。この考えに従うと、精神分析的な視点に立つものであっても、ブリーフセラピーの形態のものは「ダイナミック dynamic」と呼ぶべきで、「アナリティック（分析的）」あるいは「サイコアナリティック（精神分析的）」と呼ぶべきではないということになる。しかし、モルノスは「我々の目的からすると、これらの用語を自由に使用し、精神分析の根本、ルーツやブリーフ・ダイナミック・サイコセラピーの本質を我々がしっかりとこころに留め置き、非分析的なブリーフセラピー（例えば、行動療法的なものや認知療法的なもの）と区別しておくことが重要なのである」（Molnos, 1995）と述べている。モルノスが自分のセラピーをブリーフ・ダイナミック・サイコセラピーと呼ぶ所以である。

　ところで「ブリーフ brief」と「短期 short-term」「時間制限 time-limited」はどのように違うのであろうか。

　「ブリーフ brief」と「短期 short-term」はほとんど同じような意味で使用されている。「ブリーフ・ダイナミック・サイコセラピー brief dynamic psychotherapy」はどちらかというとイギリスでよく用いられ、「短期ダイナミック・サイコセラピー short-term dynamic psychotherapy」はアメリカでよく用いられる（Molnos, 1995）。これらは精神分析的な考え方や手法を基本に据えて、セッション回数を限定するものを示している。ブリーフはどのくらいがブリーフなのか、短期はどのくらいが短期なのか、モルノスはこの疑問に答えて、「一般的に受け入れられている考え方は、週1回のセッションで、1回から30回か、せいぜい40回までのセッション回数で、1年くらいの期間で行われるものが、ブリーフ brief（あるいは short-term 短期）と呼ぶことができるセラピーである」（Molnos, 1995）と指摘している。これがモルノスの立場である。

「時間制限 time-limited」という表現は、前もってセッションの全体の回数を固定することや期間を固定することに患者の同意を得て行うブリーフ・ダイナミック・サイコセラピー（例えば、マン）や、あるいは、このセッション計画を見直すことを認めるブリーフ・ダイナミック・サイコセラピーの場合（例えば、マラン）に用いられる。ブリーフ・ダイナミック・サイコセラピーには終結をあらかじめ決めないもの（例えば、ダーバンルー）もある。

▎4 モルノスの考え方と手法の基本

(1) 対面法を用いる

手法としては寝椅子を用いるのではなく、対面法で面接を行う。これは患者が無時間性に入り込んでしまうことを避けること、現実感覚を大切にするということ、転移神経症を発展させない、という基本姿勢の表れと考えられる。転移神経症については後に詳しく述べたい。

(2) 枠（治療構造）を尊重する

モルノスは精神分析特有の治療枠組みを尊重する。その意味で基本に忠実だと考えることもできる。この枠をモルノスは境界 boundary と呼ぶ。

「精神分析的な心理療法を行うためには、特殊な空間を創造する必要が

場所
持続性，快適，単純，友好的，などを維持する
時間
規則的，固定的，都合がよいこと，などを維持する
求められる行為
規則正しさ，時間厳守，（面接中は）行動を一時やめてもらう
関係
セラピストの態度として，信用，一貫性，信頼性，率直だが自己開示しない，禁欲

図 6-1　境界：カテゴリー

ある。その空間とは、過去が ‘今ここで’ here and now 再現可能となるような空間であり、また、過去の情緒的なコンフリクトが再活性化し、明確に理解され、古い問題について新しい解決が発見されるような空間である。この特殊な空間は境界 boundary によって生み出される」（Molnos, 1995）。

　ここにモルノスの治療の基本が示されている。しかし、これはまた精神分析的心理療法一般についての基本ともいえる。

　境界については、場所、時間、求められる行為、関係の四つのカテゴリーに分けて述べられている。図 6-1 を参照されたい。

　精神分析的な治療を行うためには、きちんとした面接の「場所」を確保すること、「時間」を設定して規則正しく面接を行うこと、これが基本になる。また、「求められる行為」として、例えば、患者には面接中は「行動を一時やめてもらう」ことになる。これは、治療はあくまで言葉のやり取りによって行う、という精神分析の基本である。また「関係」の境界として、セラピストは率直な態度で患者に接触するが、「自己開示をしない」ということも大切である。

　これらの境界をきちんと設定して初めて、患者の問題の特質や転移を理解することができる。

　モルノス（Molnos, 1995）はこれらについて豊富な事例を列挙している。

　場所の境界に関する例として、別の部屋から騒音が聞こえてきた例。このことがきっかけになって、「突然、他の人たちへの恐怖が侵入する。患者は、自分がこころを開いて話したことを他の人たちが聞いたのではない

かとひどく恐れる。思春期に患者が母親と気持ちよく一緒にいると、いつも父親が邪魔をした。父親は嫉妬深く、妻が常に自分に全関心を向けてくれることを要求した」ことなどが語られていくのである。これは本来きちんとした面接室を確保しなければいけないという、境界の確保の失敗に由来しているものの、逆にいえば、場所の境界に考慮を払っているが故に、このような面接（理解）が展開していったのである。

　慢性的に面接に遅れてくる女性の例。この女性は面接では「典型的な受動的抵抗を示し、何でも素直に聞き入れてしまう。彼女には、厳しいことをずばずば言う管理的な母親がいた。彼女は自分がセラピストに過度の重荷になるのではないかという恐怖心を持っており、彼女自身、自分に親しい人が遅れてくる時には、非常に不安になるのである」といった問題がはっきりしてくる。これは時間の境界についての問題である。

　自己開示しないということへの問題としては、セラピストに出身地を尋ねる患者の事例、セラピストに「休日はどこに行くのか」と訪ねる患者の事例などが挙げられている。これらについては、セラピストは自分のことを開示しないことが原則である。これについてモルノスは「治療的な関係を社会的な関係へと変化させる」ものであり、「この人たちは非分析的、非治療的な選択を求めているのである。しばしば彼らはもっとセラピストを統制しようと目論むのである。セラピストはこれらの試みを退けなければならない」としている。

(3) 転移 transference

　境界をきちんと設定するのは、患者の問題性を理解する上で不可欠のものだからである。問題性の理解とは転移の理解を中心に行われる。それほどに転移は重要なのである。

　では転移とはどのようなことかを確認したい。

　「転移とは、小さい子どもの頃に発達する行動や反応、強調された感情、付随する不安などのパターンが、後の人間関係、特にセラピストとの関係や治療状況自体の境界との関係の中で再出現するような現象である」（Molnos, 1995）。

　簡単にいうと、転移とは、幼少期に親や重要な人物に向けていた感情を
セラピストに向けることをいう。セラピストが自分の個人的な感情を患者
に向けることを逆転移と呼ぶ。転移と逆転移の分析は精神分析的アプロー
チの最も重要な課題である。

転移と治療との関係

　さて、モルノスの技法を理解するために、転移と治療の関係について簡
単に整理してみたい。

　転移にはプラスの感情を向けてくる陽性転移とマイナスの感情を向けて
くる陰性転移がある。ビギナーのセラピストは、「先生はすばらしい人で
すね」「先生は何でもなおしてくれる人ですね」といった陽性転移を向け
られると、とても嬉しい気持ちがするだろうし、逆に「先生はだめな人
だ」「先生に相談しても何の解決にもならないことがわかった」などとい
われる（陰性転移を受ける）と、非常に腹立たしくなったりしがちである。
このような「とても嬉しい気持ち」や「非常に腹立たしい気持ち」を持つ
ことが逆転移ということにあたる。精神分析の基本は逆転移をコントロー
ルし、セラピストは患者の転移を映し出す中立的なスクリーンになること
である（この考えには、もちろん反論もあるが、一応ここでは、この基本に則っ
て説明を試みたい）。

　非常に単純な例として次のような展開を想定していただきたい。

　患者がやってくる。患者は何とか自分の問題を解決してほしいと思って
やってくる。すると、患者にはセラピストは「自分の悩みをすべて解決し
てくれるすばらしい先生」に映ることだろう（陽性転移、図6-2参照）。

　ところが、セラピストは淡々と話を聞いているだけである。画期的な解
決法を教えてくれるわけでもない。すると、どうなるか。

　患者は「こんなセラピストはだめな奴だ」「こんなセラピストに相談し
ても何の解決にもならないことがわかった」などといったマイナスの感情
（陰性転移）をぶつけてくることになる（図6-3参照）。

　ここでセラピストがどのように対応するかが大きな鍵となる。「嫌な患
者だ」などといった逆転移の感情を爆発させてしまうのは全く的はずれで

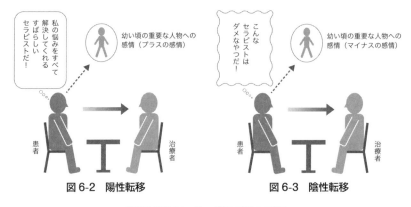

図 6-2　陽性転移

図 6-3　陰性転移

患者は治療者とのあいだで、問題の起源となる状態を
再現している。

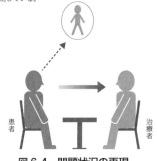

図 6-4　問題状況の再現

あることはいうまでもない。冷静に患者の転移を受け止めなければならない。

　この患者の攻撃的な感情やマイナスの感情は転移感情であることを理解しなければならない。つまり、この感情は本来、自分（セラピスト）に向けるべきものではない、幼少期に誰かに向けていた感情をセラピストに（仮に）向けているにすぎない、という理解になろう。

　さらに発展的に理解すれば、患者は現在の問題の起源となる問題状況を治療状況で反復している。つまり、セラピストと患者との間で再現している。このように理解することができる（図6-4参照）。

　したがって、この患者への精神分析的な治療というものは、患者が現在の問題の起源となることが面接室で再現されていることを洞察し、現在の

問題と過去の起源となる問題とをリンクさせ、さらに現在の問題について新しい対処の仕方を発見できるように援助するということなのである。これは後に述べるマランのいう TCP－リンクの原型ともいえる。TCP－リンクは基本の上に成り立った手法なのである。

（4）転移神経症を発展させない

ここで問題になるのが、転移神経症を発展させないということである。このこともモルノスのブリーフセラピーの重要なポイントになる。

過去の問題状況が面接室で再現される。それを患者が洞察する。転移神経症として発展させないのである。

転移神経症は、「転移の諸現象がそこへとオーガナイズされていく人工的な神経症。この神経症は分析家との関係をめぐって形成される」（Laplanche & Pontalis, 1973）と定義される（転移神経症には、いわゆる精神病と区別するための概念を指す場合があるが、ここではそういう意味で使われていない）。ブリーフ・ダイナミック・サイコセラピーにおいては、この転移神経症を発達させたり、強固にすることを認めない。それぞれの転移のリアクションは、それが現れるとすぐに、それへ直面化し、徹底操作するのである。

転移状況の中で、過去の問題状況、おおもとの問題状況が、患者とセラピストの間で再現されると説明した。転移神経症とは、その状況をさらに深め、患者をある意味で退行させ、まさに根本的な問題状況、神経症の起源となる問題状況にまで発展させるのである。つまりおおもとになる状況、人工的な神経症状況を患者とセラピストの間で作り上げるのである。

したがって、この状況はかなり患者を退行した状況にまで導くことになる。よってモルノスの立場は、このような退行状態を作るのではなく、転移を洞察するところに力点が置かれている。さらに、転移というものは最初の面接時から生じている場合もあると考え、早い段階から転移に注目していくのが特徴なのである。

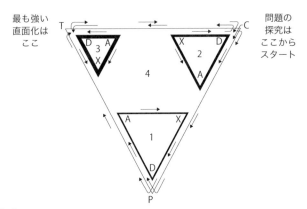

T＝セラピスト
C＝現在の人間関係
P＝過去，幼少期の人間関係（ふつうは親，きょうだいとの関係だが，他者との関係も含む）
4＝人の三角形
D＝防衛（AとXに対する）
A＝不安（Xについての）
X＝本当の感情：ネガティブ（－X），ポジティブ（＋X），アンビバレント（±X）；受け入れる
　　ことができない，あまりに苦痛である，怖ろしい，そのために患者はそれを隠蔽している。
　　そのため，セラピストにも患者にもわからないものとなっている。
1，2，3＝コンフリクトの三角形
1＝起源となる（内的な）コンフリクト，遠い過去の重要な人物とのあいだで形成されたもの。
　　このコンフリクトは情緒的に隠蔽されているが，よみがえらせる必要がある。
2＝現在の生活において重要な人物とのあいだで形成されたコンフリクト。このコンフリクトは
　　1よりも顕在化しているが，3ほどはっきりと表れているわけではない。これはセッション
　　の中で活発なものとなる。
3＝セラピストとの関係の中で生じるコンフリクト。このコンフリクトは最も顕在化しており
　　‘今・ここで’の状況で現れているため，脅威となっている。
注：三角形に色をほどこしたバージョンもある。①うすい黄，②オレンジ，③赤，④青。

ブリーフ・ダイナミック・サイコセラピーのプロセス
a：問題と感情（XC）を徹底的に探求する。
b：どんな防衛的な動き（DCとDT）に対しても活発にチャレンジし，すべての防衛が使いつく
　　され，本当の感情（大半は最初は－XT）が体験され‘今・ここで’の状況の中で表現される
　　までチャレンジを続ける。
c：本当の感情や衝動が解放され抑圧が解かれた後，‘今・ここで’の状況において，患者の不安
　　が認識される。
d：患者が自分の力で現在の人間関係（場合によって複数）（C）において同じコンフリクトが存
　　在することを発見し認識できるように援助する。そして，
e：遠い過去において，親や他の重要な人物（P）との関係の中で同じコンフリクトが存在する
　　ことを患者が自分の力で発見し認識できるように援助する。
f：患者がTCP－リンクをできる限り十分に，生き生きと，何回も理解し，体験できるように援
　　助する（＝徹底操作。しかし転移神経症は発達させない）。患者の核となる問題が解決され，
　　神経症的な問題が再発しなくなるまで，このことを続ける。そして，セラピーは終結する。

図6-5　四つの三角形

(Molnos, 1995)

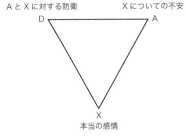

図6-6　コンフリクトの三角形　　　　図6-7　TCPの三角形

(5) TCP－リンク

　モルノスの技法は基本的にはマランのTCP－リンクに準拠している。ここで、このTCP－リンクに触れながらモルノスの治療技法を解説したい。まず、図6-5「四つの三角形」をご覧いただきたい。モルノスの技法はこの図にきれいにまとめられている。これはマランの「二つの三角形」を発展させたものである。

　この三角形は二つの三角形が基本になっていることがわかる（図6-6、図6-7）。

　コンフリクトの三角形はD（防衛）、A（不安）、X（本当の感情）を頂点としている。治療当初、患者の本当の感情は患者にもセラピストにも判明していないのでXと表現されるものと考えられる。隠蔽されている感情である。患者のこころの中では、この本当の感情Xについての不安Aがあり、AとXについての防衛Dが行われている。

　TCPの三角形（人の三角形：隠された感情が向けられるもの）は、まさにTCP－リンクに直接関わる三角形である。これは、T（治療・転移状況）、C（現在の状況）、P（親・過去の状況）を頂点としている。

　Cは現在の、という形容詞currentのCである。現在の問題状況を示している。

　Pは遠い過去における重要な関係——たいていは両親との関係——を示している。Pは、過去pastのPであり、また、親parentsのPでもある。

　Tは、今ここでhere and nowの状況において生じていること、治療状

況において生じていること、またセラピストとの関係において生じている
ことを表している。Tは治療状況 therapeutic situation のTであり、セラ
ピスト therapist のTであり、また転移 transference のTでもある。

　さて、それではTCP－リンクの解説に入りたい。

　これはいうなれば精神分析的心理療法の基本ともいえる。前述の「転移
と治療との関係」の部分を再読されたい。

　患者は問題を抱えてやってくる。この問題状況がCである。転移が生じ
る。これがPである。転移の中で患者はセラピストとの間で問題状況を反
復する。これがTである。転移は現在の問題状況の起源となる問題を含
んでいる。TCPをつなぎ（リンクし）、現在の問題状況（C）がこのような
起源（P）を持っていたのか、ということ、そして、その問題状況が、ま
さに、今ここでの状況の中（T）で反復していることを洞察できるように
することが治療である。また、そうした現在の問題状況に対して、今まで
と違った認識ができ、新しい対応ができるように援助することが治療とな
るのである。

　これがTCP－リンクの骨子である。

　さらにこれにコンフリクトの三角形を組み合わせて治療することになる。
いわばTCPのリンクを行うにあたっての着眼点である。

　フロイトは症状の形成について、問題となることを抑圧し、無意識の中
に隠蔽してしまうから、症状が生じると考えた。したがって、治療の第一
の方針は抑圧したものを意識化することであった。

　ここでは、意識化の対象として着目するものを「本当の感情」Ｘとする
のである。

　治療当初、患者の本当の感情（Ｘ）は患者自身認識していない。隠蔽さ
れている感情である。患者のこころの中では、この本当の感情Ｘについ
ての不安Ａがあり、ＡとＸについての防衛Ｄが生じている。この防衛に
チャレンジしていく。そして、自分のこころの奥にある本当の感情を自覚
できるように導くのである。

　具体的な事例で説明したい。

(6) 事例と実践の考え方・手法
(a) Aの事例

　ここで、モルノスの方法論を理解するために、Molnos（1995）からAの事例をピックアップしてみよう。

現在の問題（C）

　　　A[2]) は、気分が重く、うつ状態であり、自分は愛されるに値しないという気持ちを感じている。そして、ガールフレンドのJと別れようと思っている。彼は彼女と話をすることができないし、彼女への気持ちが沸いてこない。彼女が自分の身体に触れたり、「あなたのことを愛している」と話しかけてくるのを耐えることができない（D＝防衛defence）。彼は不安（A＝不安anxiety）であり、逃げ出したい気持ちになる。彼は自分に何が起こっているのかわからないし、こころの奥に何があるのか（X＝本当の気持ち）全くわからない。

　我々は人物Aの現在の問題を図6-6に示されるコンフリクトの三角形を用いて分析することができる。Aが子どもの頃に発達させた——発達させなければならなかった——パターンは強力な防衛の要塞（D）であり、それは現在では、生活上の落とし穴となっている。
　Aの語る幼少期の思い出を見てみよう。

子ども時代のパターン

　　　Aの両親は非常に不幸な結婚をした。彼の母親はスーツケースをまとめて、4人の子どもの手を引いて家を出ていくことがよくあった。ただし、ほんの2、3日で戻るのではあったが。彼女はエネルギーを病弱な一番下の子どもにつぎ込んだ。仕事に多忙な夫は家でくつろぐことは決してなかった。一番上のAは無視された。5歳の時、学校に初めて登校する時、彼は自分一人だけで登校したのだっ

た。3年後、彼の父親が若くして死んだ後、寄宿制の学校にやられた。そこで彼は他の少年たちにいじめられた。彼は毎日繰り返される半ば儀式のような屈辱的なことや厳しい暴力に苦しんだ。彼は母親にそのことを訴えたが、いつも返答がなかった。逃げ場がなかった。この耐えられないような状況への反応は、生き残りの戦略を発達させることだった。

　一つ目は：他者に対して、協力的で、聞き分けの良い素直な、受動的な、自己を抹消するような行動を維持することだった（D＝防衛Defence）。

　二つ目は：彼の傷つきや痛み、怒り、悲しみのすべての感情（−X＝負の感情）を切り離し、抑圧し、否認すること（D）だった。

　三つ目は：高度な独立や自立を達成した人物になること、すなわち、他者を必要としないことだった（D＝〔性格characterの〕防衛defences）。

　後に、彼はある国際的な企業で管理職として成功したが、親密な人間関係では絶望的になっていた。Aがそのことをセラピストにⅰ示すにつれて、つまり現在の問題を示すにつれて、我々には問題の核心が見えてくる。

　ここでモルノスの語る二つの選択に注目してみよう。一つは長期療法を選択すること、もう一つは、ブリーフセラピーを選択することである。

　「Aは誠実だが、知らず知らずのうちに、辛くこころをかき乱す拘束物の上をスケートしているのである。彼が抵抗するものは、Jへ向けられた自分の抑圧された殺人的な怒りである。もちろん彼の母親へのそれでもある。この非常に早期の時点で、セラピストは二つの選択肢から選択する」（Molnos, 1995）。

第1の選択：長期療法

　セラピストは共感を持って傾聴する。そうすることによって、セラピストは、患者が自分（セラピスト）へ言わなければならないこ

とはすべて受け入れるというサインを送る。セラピストの介入は、患者をフォローし、患者が自分自身を表現できるように勇気づけるように計画する。これは長期療法の始まりである。

第2の選択：ブリーフセラピー
　セラピストは、同様に共感を持って話を聞く。患者が言うこと、言わないことにきわめて注意深く耳を傾け、同様に、非言語的なサインにも特別な関心を払う。セラピストは、すべての患者は何とかしたいという気持ち（動機づけ）と抵抗の混じり合った状態でやってくるということを理解しておく。セラピストは抵抗の背後にある本当の気持ちをすばやく同定しようとする。セラピストは患者が自分の抵抗や自己破壊のメカニズムを自ら発見し、認識するように援助の体制を作る。患者がそのことに耐えられる限りにおいて、できる限り早くそれを行うのである。これがブリーフセラピーの始まりである。

Aは気分の悪さを感じ、自分が悪人のように思えてくるという。

　　誰も僕に耐えられないに決まっている。僕は他人に対して何も感じない。Jは僕にとてもよくしてくれている。僕をとてもサポートしてくれている。僕の方がただ逃げ出したくなっただけです。

　この時点で、ブリーフセラピストは、彼が「Jは僕にとてもよくしてくれている」と言ったことに焦点を当てることにした。概略は次のようである。セラピストはこの2人の間の相互作用の厳密な事実を求めた。
　2人はどこにいたのか？
　誰が何を行い、何と言ったのか？
　一言一言、一つずつ押さえていく。
　患者はどの時点で逃げたい衝動を持ったのか？　患者はその時何を感じ、何を体験したのか？

セラピストが現在の状況における本当の気持ち（XC）を強く求めれば求めるほど、今ここでの不安は激しくなる。Aは言い逃れの策略を使い始める。

「僕は混乱している」……「あなたの質問は何ですか」……「僕は覚えてない」

彼は本当の気持ちに目をそむける。セラピストは彼に何度も何度も彼女についての自分の気持ちに目を向けさせる。

このことは、彼が今ここでの内的なコンフリクト（DAX/T）に十分自覚するようになり、過去の類似したコンフリクト（DAX/P）とそれを結びつけるようになるまで続けられる。そうすることによって、彼らはC、すなわち現在の内的なコンフリクト（DAX/C）まで、より深く、より防衛的でないレベルで、戻ることができるのである。

Aの防衛システム

彼の防衛システムを見てみよう。

主なものは、防衛的な従順さ、行動の受動性、孤立、感情の抑圧と否認である。すなわち、すべての親密な状況から身を引いて距離をとってしまうのである。他者が彼に親密になろうとするあらゆる試みは、彼の不安（A）を引き起こすものとなる。彼は自分が何を感じているか（X）わからない。実際、彼は自分が何も感じることができないことを「告白」している。そのために彼はJに罪悪感や彼女に愛される価値がないという気持ちを感じ、自己イメージが傷ついてしまっている。

彼は自分が何を感じているかをわかっていると思う人もいるかもしれない。つまり、罪悪感を感じているということである。しかし、本当の気持ちXは、罪悪感とは別の感情である。この段階では自分自身でもわかっていない。彼が感じているものは、自分の不安（A）や自分自身への防衛（D）に対するものであるにすぎない。

子どもの頃、彼に何が起こったかを思い出してみたい。それは、ネグレクト（無視）、見捨てられることへの持続的な恐怖、父親の若すぎる死、何年にもわたる学校での虐待、母親が適切な対応をしなかったことである。

　彼の感情、すなわち彼が何とか自分自身でこらえ、免疫を得ようとした感情は、傷つき、耐えられないような心的な痛みであり、付随する怒り（－X）である。罪は不安（A）の一つの形態にすぎない。また、それはその怒りから生じたものである。Aは自分が機能し、生き残っていくためには、これらの感情を自分の意識的な自覚の領域から遠ざけておかなければならなかった。しかし、親密な人間関係の中では、それはいつも明るみに出る恐怖にさらされた。それが不安（A）を引き起こすのである。

　さてAのことに戻ろう。

今ここでhere and nowの状況におけるパターン（T）

　　ある日、Aはすぐにセラピーを終わらせなければならないと告げた。彼はJと別れて自分自身の新しいビジネスを始めることを決心した。彼は大きな銀行のローンに着手する必要があり、セラピーをこれ以上続ける余裕がないというのである。彼の財政状況がしっかりしていることがわかり、金銭問題は実は注意を混乱させるためのものであることをセラピストは理解した。

　ここで、セラピストは自分に対して向けられた、自覚されていない否定的な感情（－XT）が作用していることを認識するのである。

　　いくつかの穏やかな困難な事態の後、ここ2、3週間以上前から、Aはセラピストの援助を得たことで、セラピストに対して温かい感情（＋XT）を感じていることが明らかになった。しかし、この肯定的な感情は彼自身の優しい感情や傷つきやすさ故に、その時は、恐れ（A）や怒り（－X）となって現れていたのである。

　その怒りはセラピストや治療状況（－XT）に向けられたということである。

彼はその背後にあるこの肯定的な感情を自認するのではなく、それらを切り離し、自分自身から遠ざけ、離れたい（DT）という衝動を体験したのである。言葉を換えれば、同じパターンが今ここでの状況で、転移状況として現れているのである。

これらを認識できるようになって、このケースは終結していくのである。モルノスは技法について次のようにまとめている。

1. セラピストは今ここでの状況で、患者が境界やセラピストに対してとる行動や反応（DT）のパターンを観察する。
2. セラピストは患者がこれらのパターンに焦点を当てるように援助し、その下にある感情や情緒、衝動（XT）を体験し、十分に表現できるように援助する。
3. セラピストは患者がそれらを過去や現在の人間関係において用いられている同じような情緒や防衛的なパターン（DAX/TCP）と結びつけることができるように援助する。
4. セラピストは患者がその時同様、今ここで用いられている行動や反応の不適当なパターン（D/TC）を変えることができるように援助する。

　モルノスの技法は最初からすでに転移が生じているという前提に基づいている。したがって、初回のセッションから転移に着目していく。これは、セラピーの実質にすばやく入っていくということでもある。まず、セラピーの実質に一歩でも早く入っていくことからブリーフ化が行われるのである。

ダーバンルーの技法
　抵抗にチャレンジしていく方法として、ダーバンルーの技法を例示することができる。ダーバンルーは精神分析的なブリーフセラピストとして有名な人物である。

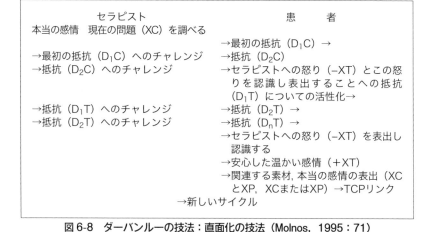

図6-8　ダーバンルーの技法：直面化の技法（Molnos, 1995：71）

　ダーバンルーは一方で温かくて深いケアを行う態度、ホールディングの態度をとりつつ、同時に、最初に激しくなってきている抵抗に対して、情け容赦なくチャレンジする態度をとった。彼は抵抗を歓迎した。なぜならば、それを強力な治療的なものへと転化する方法を知っていたからである。彼は防衛的な壁をうち破るために、患者の高まる不安を用いた。

　流れは次のようなものである。ダーバンルーは患者の示す問題からスタートし、患者に自分の症状に焦点を合わせるようにさせ、症状が現れる状況を細かく詳細にわたって探求した。彼は次のものを受け入れない。すなわち、一般原則、半面だけの真理、言い逃れ、合理化、曖昧さ、反駁、距離をとること、沈黙、受動的態度、否認、知性化である。彼は患者に対してこのような防衛について解釈したり、説明したりしない。しかし、それらすべての防衛が枯渇するまで、情け容赦のない態度で質問したり、それらにチャレンジするのである（Molnos, 1995）。

転移の着目法

　モルノスは転移を的確にしかも迅速にとらえていく技法をとっている。転移の着目法について次のように指摘している。

1. 効果的な精神分析的なセラピーを行う唯一の方法は、転移を徹底操作することである。
2. 最も効果的な短期化の技法はセラピーの始まりを短縮化することである。それ故、我々がセラピーを効果的なものにし、短期のものにすることを望むならば、我々は最初のセッションで、転移の認識を開始する。最初のセッションの1時間以内にそれを行うことが望ましい。

　一般的には、転移は多くのセッションを重ねる中でゆっくりと形成されると考えられているが、この仮説は毎日の臨床的な観察に単純に当てはまるとはいえない。実際には、転移は最初から存在するし、患者が到着する前から存在することさえある。我々は転移が形成されるのを待つ必要はない。我々がすべきことは、すばやく転移を認識することなのである。
　多くのサインが存在する。その中には、セラピストの逆転移の感情も含まれているし、それは患者の転移が動くことが可能になっていること、操作することが可能になっていることを示している。ここに少しそのサインを挙げることにする。

1. 患者のセラピストへの反応、「今ここ」に対する反応は、甚だしく現実状況と矛盾する。
2. 患者は他の人々のことについて話すが、現実には、彼の言うことは容易にセラピストへ適用されうるし、また、そのことは、彼がセラピストや治療状況をどのように感じているかに適用されうる。
3. 患者が前後関係なしに微笑む。
4. 患者の素直な話の内容（言語コミュニケーション）とは全く逆に、彼の非言語的コミュニケーションは、焦燥や怒りなどを示している。
5. セラピストはつっかかってくるような感じを受ける。
6. 時間が過ぎていかない、スピードが落ちていく。

　　7.　雰囲気が重い。セラピストは眠たくなってしまう。

　これらの例は最初の段階で診断することが重要であるという。「我々が転移として注目していかなければいけない事実でもある。転移はすでにそこに存在している。セラピストがそれへ目を向けるのを待っているのであり、出会いが生じる前からすでにそこに存在しているのである」(Molnos, 1995)。

怒りを利用する——「破壊的怒りdestructive anger」と「癒しの怒りhealing anger」

　モルノスの技法の特徴は怒りを巧みに利用することである。といっても、患者を怒りに駆り立てるわけではない。患者の怒りの質を見抜き、転移状況を分析し、治療へと生かすのである。モルノスは「本当の感情X」の解明に向けて焦点を当てていく。この「本当の感情」に焦点を当てるに際し、感情の中でも「怒り」に着目する手法を用いていると考えてもよいだろう。もちろん、着目すべき「本当の感情」を「怒り」に限定しているわけではないので誤解のないようにされたい。「怒り」に着目することによって、問題がさらに見えやすくなるのである。

　モルノスは患者が表出する怒りを「破壊的怒り」と「癒しの怒り」の二つに分けてとらえる。

　「破壊的怒り」とは、転移感情を多く含んだ怒りであり、アクティング・アウトとしての怒りと考えてもよいだろう。現在の問題の起源に関する怒りでもあり、人間関係を破壊する怒りともいえる。この「破壊的怒り」が治療過程の中で「癒しの怒り」へと変容していくのである。

(b)　怒りについての事例

例：破壊的怒りdestructive anger

　これは心身症的な症状に苦しめられていたと考えられる男性の事例である。「よく災難に遭う、自殺を試みる、対人関係や仕事などで、無意識的に怠慢な行為をとる」「多くの女性と荒れた関係になると、深い不幸な気

持ちになってしまう」などの問題が挙げられている。

　さて、患者はセラピストに次のような20年前の話をするのである。

　　　この若い男性はかつて赤道に近い森林で働いていたことがあった。この人物はよく余暇にヤマネコの子どもを飼い慣らしていた。ある日、1匹のヤマネコの子がこの人物を3回ひっかいた。三度目にひっかいた時、この男性は、突然、そのヤマネコをぎゅっとつかんで憎しみの感情を爆発させた。そして、手の中で小さな首を締め付ける衝動に駆られ、やっとのことで我慢し、その子どものヤマネコを藪へと遠く投げつけたのだった。彼はかわいがっていたにもかかわらず破壊的な憤激を見せたのである。彼は1匹のヤマネコの子に自分の怒りを向けた。このような暴力的な対応をどうしようもできなかったのである。この体験のために、この若い男性には気分の悪さが残った。彼は20年後、セラピストにこの話をした。そして、次のように付け加えた。「私はその後、非常に抑うつ的になった。子どもだった。私は何が自分に起こったのかわからなかった」。

　しかし、この怒りの背景には幼い頃の体験と関わりがあった。そのことが明らかになってくるのである。

　　　実は、一人の子どもと直接つながっていたのである。彼の弟は、4歳の時に砂利石の小径で倒れて額に傷ができ、それ以後傷が残っていた。患者は思い出した。「我々は一緒に歩いていた。私は弟の前に足を置いた。弟はそれにつまづいて倒れた。私は何も感じなかった。なぜ私がそんなことをしたのかわからない。私は漠然と何が起こるのか見たいという好奇心を持っていたのだと思う」。

　最終的に、この男性は弟への憎しみを認識するに至る。

　　　父親が死んだ後、弟は母親のお気に入りになっていた。その時か

ら、彼の生活は不幸なものへと変わっていった。彼は完全に拒否されているような気持ち、排除されているような感じを持ち、一人ぼっちを味わうようになったのである。

モルノスは「破壊的怒り」を次のように定義している。

1. ふさわしくない時間に表出される。普通は、非常に遅れて表現される。
2. 怒らせる人物とは違う人や違うものに向けられる。
3. 隠蔽された問題と関連して生じる。引き金になっていることとは関連しない。

ヤマネコの例は、三つの構成要素すべてを有している。（1）この若い男性の怒りは約15年後という非常に遅れた時期に表出した。（2）連続して転移が生じている。それは最愛の父親（突然死亡し、彼は捨てられた）から、また母親（もう一人の息子である弟を寵愛し、彼を拒否した）から、最初は弟へ、そして、最後はヤマネコの子へ、である。（3）さらに、怒りは隠蔽された問題と関連している。すなわち、彼は愛情とケアを向けていたヤマネコの子に拒否され、そのために彼は傷つきを感じたが、そのことよりも、ひっかきの方と結びついている。

このように、彼がヤマネコの子に見せた怒りは「破壊的怒り」ととらえることができる。この怒りには転移感情が色濃く含まれている。そして、治療が進展するにつれて、その背後にある本当の感情を認識できるようになったのである。

さて、次にモルノスが「癒しの怒りhealing anger」と呼ぶものについて、事例を用いて解説したい。

例：癒しの怒りhealing anger

これはMと呼ばれる52歳の女性の事例である。彼女は非常に単純な日常の雑用もできないと、深いうつ状態を訴えていた。次の説明は、セラ

ピーの初回のセッションでの出来事である。

　　　Mはこれといって特徴のない色のやぼったい洋服を着て現れ、
　　まるで記念碑のように見えた。彼女の大きな白い顔には、憤慨の様
　　子があり、社会的な儀礼としてのわざとらしい微笑があった。彼女
　　は夫のことを説明し始めた。夫はHといい、仕事しか興味のない
　　鈍い男だった。面白みがないという。Mの話し方は冷静で、知的
　　で道徳性の高い雰囲気があった。彼女の声はいかにも自分が正しい
　　といった横柄な響きがあった。いくつかの理由から彼女は休日のこ
　　とでこころが強迫的になっていた。

　ここでセラピストは、彼女に対して、まさにそんな感じを持った最近の
ことを探すように介入した。

　　　彼女は 18 か月前のことを話した。
　　「私とHはギリシャで仲良く休日を過ごしました」。その休日の
　　後、彼女は体のいたるところに発疹が出た。彼女はどうにもしよう
　　が無くなった。為すすべがなかった。彼女はしばしば泣き、パニッ
　　クに襲われた。そして、精神安定剤を常用するようになった。「ど
　　うしようもないのです」とMは言った。
　　　彼女は、それはすべて身体的なものだと断言した。これは更年期
　　と関わっているに違いない。自分のドクターはそれはうつであると
　　言った……ギリシャの休日にもらってきたウイルス……セラピスト
　　へ彼女が困っているおのおのの時間、症状についての言葉の集中砲
　　撃が続いた。考えられる限りの身体的な原因のリストがふくらんで
　　いった。

　ついに、セラピストは静かにこう言うのである。「もし、あなたが自分
の問題が純粋に身体的なものだと思うのなら、私はあなたを援助すること
はできません。私は内科医ではありません。このケースは、あなたは内科

の専門医に見てもらわないといけません」。

　　患者は、即座に泣き出した。それから、突然泣きやんだ。そして、
自分自身を十分にコントロールして、セラピストの方を向き、確信
がない言葉でセラピストに言った。「あなたは私を泣かせた。あな
たは私を無理やり泣かせた！」

これは全く的はずれである。しかし、セラピストは何も言わず、ただ、
彼女が自分の怒りを表出するに任せた。

　　彼女は自分を泣かせたとしてセラピストに憎しみを向けた。そし
て「私はいつも憎くなると自分をコントロールできなくなる」と付
け加えた。その後、全く違った雰囲気になった。Mは自分の冷た
い厳格な母親のことを話した。彼女の両親の離婚のこと、片親違い
の姉妹のこと、自分自身、間違った男性と結婚してしまったこと、
Hのこと……過去の出来事が生き生きと明らかにされた。次のセッ
ションでは、彼女はこぎれいな服装で現れ、自分の主治医は抗うつ
剤を止めることに同意したと、得意げに話した。彼女は9回目の
セッションの時に症状から解放された。彼女のセラピーは16回の
セッションをもって、成功裏に終了した。

ここには、「癒しの怒り」というものがはっきりと体験されており、適
切に表現されている。モルノスは「癒しの怒り」を次のように定義してい
る。

1. まさにその時、それが起こった時に関連する
2. それを引き起こした人物に対して関連する
3. そして、それを引き起こす引き金になった現実の出来事と関連
　する

「破壊的怒り」とかなり対照的であることが理解できる。「癒しの怒り」は、まさに今ここでの関係の中で生じている怒りということになろう。ただし、モルノスは「癒しの怒り」には多かれ少なかれ不純物が混じるというようなことを述べている。つまり、あくまで理論的な概念であり、「怒り」の質を同定する目安にしてほしいということであろう。

この例では、セラピストは患者の多くの身体的な訴えを受け入れなかった。これは彼女の主要な問題ではあった。しかし、セラピストはこれらを患者が夫との関係の中で生じている自分の本当の感情や不安（DAX/C）に対して自分自身を防衛する方法として扱った。

Mは心身症的な症状で苦しんでいた。これらの症状は彼女の無意識的な防衛的妥協（DC）の結果であることが判明した。つまり、夫に対して蓄積していた激怒（－XC）と、激怒を表出すると夫を失ってしまうのではないか、拒否されるのではないか、捨てられるのではないかといった恐怖（AC）との妥協の産物である。

セラピストは、患者がこれらの防衛を使うか、自分自身を深く見つめるようにするか、どちらをとるか、患者の決心に委ねることにした。Mが最初に泣き出したことは、拒否されたと感じたことへの突発的な反応である。この感情は、実際、辛い子ども時代（－XP）に由来している。それが、潮流の干満の波のように、今ここでの状況に、押し寄せてきたのである。ただちに、彼女は、患者の防衛を壊そうとしたセラピストへの現実の怒り（－XT）を体験し、それを表出した。この怒りは「癒しの怒り」であった。それは強力だったからではなく、次のように体験され表出されたからである。（1）それが生じた時すぐに、（2）それを引き起こした当のセラピストへ向けた、（3）引き金となった出来事、つまり、「コントロールを失わされた」という知覚に基づいているからである。

この「癒しの怒り」は治療を建設的な方向へと進めていくのである。

このモルノスの「癒しの怒り」は、マランの「建設的な攻撃性constructive aggression」（Malan, 1979）と同種の考え方である。モルノス自身そのことを認めている。

アクティング・アウトの一つの形態としての破壊的理想化
destructive idealization

　モルノスは、治療のキーワードとして「破壊的理想化destructive ideal-ization」（Molnos, 1991）を挙げている。非常に興味深いので、ここで紹介したい。「これはとりわけ破壊的怒りをアクティング・アウトする陰険な方法として行われる。極端な恐怖、あるいは深い無意識にある古い過去の恐怖は、衝動の原始的な分裂（スプリット）を生み出し、それは一つの対象への理想化を導く。そして、結果として、他者への憎しみとなる。この全体のプロセスは私が『破壊的理想化』と呼ぶものである」（Molnos, 1995）。簡単にいえば、極端な理想化であり、それは自己破壊的な要素を含むというのである。例えば、深刻な問題を抱えるクライエントがセラピストに対して、極端な理想化を行うことがある。セラピストがこの影響の誘惑的な状況に取り込まれてしまうと、不適切な陽性の逆転移を発展させてしまう。そして、患者に必要な直面化を回避し、クライエントに結果として支配されてしまう。

　「一般的に言えることは、人間のこころは、いったん今ここでの状況が耐えがたいくらい恐ろしいもの、辛いものとなった時、別の時間、別の場所へ逃避し、それを理想化してしまうということである。すなわち、ポジティブな感情とネガティブな感情の分裂が付帯するプロセスである。非常に老齢の人々が未来の欠如や現在の希望のなさを処理する方法の一つは、自分のこころを過去に投げ入れ、ファンタジーの中でそれを楽しみ、それを過度に理想化することである」（Molnos, 1995）。

　臨床的にいえば、クライエントが「私は過去には戻らない。過去のことはよく思い出せない。私は常に未来に生きている」などという極端な未来志向の中にもこの「破壊的理想化」が働いている場合がある。これらについて、モルノスは警鐘を鳴らすのである。

　「理想化はしばしばやり取りされる。ケアをするものと患者の間に必要な境界は破壊されてしまう。ネガティブな感情は切り離され（スプリット・オフ）、他所へ投影される。高められた自己犠牲の雰囲気や排他的な愛情が、……時として全体的なカオスとなってしまう」（Molnos, 1995）。こ

のような極端な理想化の背景にはモルノスのいう「破壊的怒り」が存在することが多いと考えてよいだろう。

（7）ブリーフ・ダイナミック・サイコセラピーのプロセス

さて、それでは図6-5に戻ってモルノスの技法についてのまとめをしてみたい。

この図の中でモルノスはセラピーのプロセスを整理している。このプロセスについて解説を加えてみたい。これがモルノスの技法のまとめといえる。

a：問題と感情（XC）を徹底的に探求する。

「XC」と表現されていることから、この感情は現在の人間関係の中で生じている感情であり、なおかつ、隠蔽されているために患者には自覚されていない感情であることがわかる。現在の問題とその背後にある感情に着目していくということである。

b：どんな防衛的な動き（DCと特にDT）に対しても活発にチャレンジし、すべての防衛が使い尽くされ、本当の感情（大半は最初は−XT）が体験され、今ここでの状況の中で表現されるまでチャレンジを続ける。

この手法はダーバンルーの技法の踏襲とも考えられる。「DCと特にDT」と記されているところから、現在の生活状況中で生じている防衛（DC）と特にセラピー状況の中で生じている防衛（DT）にチャレンジするということである。しかも使い尽くされるまで徹底的にチャレンジするということ。そして、本当の感情、大半は最初は−XTということであるから、セラピーやセラピストに対して抱いている本当の感情、しかも最初はマイナスの感情をまず体験し、セラピーの中で、まさに今ここでの状況の中で表現できるように援助するのである。ここで、モルノスの怒りについての技法が発揮されることになる。

c：本当の感情や衝動が解放され抑圧が解かれた後、今・ここでの状況に

おいて、患者の不安が認識される。

　このようにして、セラピー状況の中でのコンフリクトが認識される。つまり、防衛D、本当の感情X、不安A（Xについての不安）という三角形が認識されるのである。

d：患者が自分の力で現在の人間関係（場合によっては複数）（C）において同じコンフリクトが存在することを発見し認識できるように援助する。

　つまり、セラピー状況で体得したコンフリクトと同様なコンフリクトが現在の生活状況の中に存在していることを認識できるように援助するわけである。

e：遠い過去において、親や他の重要な人物（P）との関係の中で同じコンフリクトが存在することを患者が自分の力で発見し認識できるように援助する。

　問題の起源となるコンフリクトの発見と理解である。このようにしてTCP－リンクが完成していく。

f：患者がTCP－リンクをできる限り十分に、生き生きと、何回も理解し、体験できるように援助する（＝徹底操作。しかし、転移神経症は発展させない）。患者の核となる問題が解決され、神経症的な問題が再発しなくなるまで、このことを続ける。そして、セラピーは終結する。

5　被害者意識への着目

　さて、ここで、モルノスの「怒り」の着目について取り上げてみたい。そして、被害者意識との関連を述べておきたい。モルノスは、怒りを「破壊的怒りdestructive anger」と「癒しの怒りhealing anger」に分類し、怒りに着目することの意義と効果について述べた（Molnos, 1995）。モルノスの技法は焦点付け療法と考えることができる（表6-1参照）。モルノスはマランの指導を受けており、マランは、バリントの流れを継承している。

モルノスもマランも基本的な治療法の骨子は焦点付け療法である。モルノスの怒りへの着目は、焦点付けの対象として、怒りに着目するものといえる。筆者は、この焦点化の対象の一つとして、被害者意識について着目することの意義と効果について述べてみたい。「怒り」は転移の影響を受けやすいので、モルノスは転移性の濃厚な怒り、いわば破壊的怒りと、現実的な怒りである癒しの怒りに分けることを示したが、被害者意識も同様に転移を受けやすい感情である。被害感・被害者意識から怒りの感情が生起することが多いのは容易に納得できるであろう。本研究では、第1章において、非行行動の背景に被害者意識が強く関わっていることを例証した。非行少年たちが訴える被害感・被害者意識は、多くは、生育史上で醸成された転移性の強い感情といえる。したがって、この被害者意識について着目することについて、精神分析的ブリーフセラピーの適用が可能になると考えるのである。

　すでに第2章で述べたように、被害者意識をエディプス的なものと前エディプス的なものに分けて扱うことは意味がある。前エディプス的な被害者意識は論理性・現実性に欠けるが、エディプス的な被害者意識は論理性や現実性が備わったものといえる（第2章参照）。これに対して、モルノスのいう破壊的怒りは転移感情が濃厚で現実性が乏しいものになりやすく、癒しの怒りは適切な現実性を帯びた感情である。これらを総合的に考えると、「怒り」と「被害者意識」の類似性を指摘できる。両者ともに「適切な現実性」を有しているかが問題になっていると考察することもできよう。そこで、被害者意識もモルノスの「怒り」概念になぞらえて、「破壊的な被害者意識」と「癒しの被害者意識」に分けて着目することは可能と考えられるのではないだろうか。モルノスの怒りの概念から、これらは次のように分類できる（モルノスの怒りの概念の転用を試みる。本章163ページ「怒りを利用する」を参照）。

破壊的被害者意識

1. ふさわしくない時間に表出される。普通は、非常に遅れて表現される。

2. 怒らせる人物とは違う人や違うものに向けられる。
3. 隠蔽された問題と関連して生じる。引き金になっていることとは関連しない。

癒しの被害者意識（これは癒しにつながる被害者意識と考えることができるので、「癒しにつながる被害者意識」と名付けることにする）

1. まさにその時、それが起こった時に関連する（すなわち、セラピーでの具体的事実に関連して生じる被害感・被害者意識と考えることができる）。
2. それを引き起こした人物に対して関連する。
3. そして、それを引き起こす引き金になった現実の出来事と関連する（現実的な事象についての被害感・被害者意識と考えることができる）。

このような着目点で、セラピー内で訴えられる被害者意識をとらえ、そこに焦点化してセラピーを行うことは、非行臨床のみならず、精神分析的ブリーフセラピーに新しい可能性を与えてくれると筆者は考える。第2章で、被害者意識を前エディプス的被害者意識とエディプス的被害者意識として概念化し、この概念の非行性の診断（筆者の二次元的非行性理解）に活用することの意義を考察したが、同様に、今度は、被害者意識を破壊的被害者意識と癒しの（癒しにつながる）被害者意識として焦点付け療法の焦点化の中心概念として、治療に（非行臨床に限定せず、一般の精神分析的ブリーフセラピーにも）利用できると考えるのである。

6　ブリーフセラピーの諸派

本稿では最後に、dynamic approach（ダイナミック・アプローチとカタカナ表記する）のブリーフセラピーについて補足的な説明を加えておきたい。
マランは、治療目標を設定し、焦点となる葛藤を特定し、治療対象としてふさわしい患者を正確に選び出して治療を行う立場と考えることができ

表6-2　ブリーフセラピーの対照表（Cooper, 2001 による）*

アプローチ	クライエントの 受容率**	基本的な治療の集点	キーとなる技法
力動的			
マン	低い	分離不安	転移解釈
ダーバンルー	低い	前エディプス的，エディプス的葛藤	直面化。解釈
グスタフソン	低いから中程度	人生の早期のトラウマから生じた「誤謬」	共感的仲間関係。解釈
ウォルバーグ	中程度から高い	表明している訴え	柔軟性。解釈
シフニオス	低い	エディプス的葛藤	直面化。解釈
対人関係的	中程度から高い	対人関係的な役割論争，移行，欠損。深い悲しみ	コミュニケーションと意志決定分析。選択肢の拡張
認知―行動的			
Beck	高い	認知の歪み	協働的経験主義 認知的再構築
Ellis	中程度から高い	不合理な信念	合理的な論ばく。宿題
戦略的			
Erickson	高い	表明している問題	直接的，間接的暗示
解決志向	高い	表明している問題に内在する解決	戦略的質問。例外の利用

＊　一部は Donovan（1987）より引用
＊＊推定された比率は、著者の臨床的な報告、他のコメント、あるいは利用可能な選択基準に基づいている。

る。マランの考え方は、精神分析的（力動的）ブリーフセラピーに強い影響を及ぼすに至っている。ただ、マランの考える「ブリーフ」というのは40セッションである。これに比べ、マンのアプローチは、セッションの回数を制限することが患者に「現実」を直面化させることになるという理由から、12セッションという制限を厳格にとらえている。

　ダーバンルーの方法論は抵抗にチャレンジしていくところに特色があるが、彼自身はそのアプローチの適用範囲はかなり広いものと考え、重症な病理に対しても適用可能としている。ただ、「その転移解釈は怒りを触発してしまう傾向がある」（Cooper, 1995）という。

　シフニオスの「不安喚起療法」は、その名称から連想されるよりもずっと穏やかで支持的なアプローチであるという指摘（Cooper, 1995）もある。

　ウォルバーグ（Wolberg）やグスタフソンのアプローチは、ともに現実

的な対応を重視していると考えられる。グスタフソンは治療を初回セッションの連続と考えている。ウォルバーグにいたっては、「教示（teaching）、リラクセーション、テープ、催眠、訓戒、直接暗示、精神活性薬（psychoactive drug）、カタルシス、信仰（faith）、幸運の数え上げ、夢解釈、危機介入」といった方法を統合している（Bloom, 1992）。

　クーパー（Cooper, 1995）は、力動的アプローチだけでなく、その他の非分析的なアプローチも含めて、ブリーフセラピー[3]の特徴を一覧表にまとめている（表6-2）。参考にされたい。

7　おわりに

　筆者自身の臨床の姿勢は、精神分析的な視点を大切にしながらも、かなり折衷的な姿勢をとっている。例えばド・シェーザー（de Shazer, 1985）の解決志向アプローチの手法なども取り入れている。彼らのスケーリング・クエスチョンやミラクル・クエスチョンは、治療目標の設定については非常に優れた手法であると考えている。

　筆者のような折衷的な立場からいうと、モルノスの手法は、患者の転移に有効な視点を与えてくれる技法、まさに臨床場面で「使える」技法であるように思う。特に、カウンセラーにとって怒りなどネガティブな感情をどのように扱っていくかは大きな課題である。その意味でも、モルノスの怒りの受け止め方についての考え方は、有益な視座を与えてくれるだろう。

　モルノスの考え方、技法は、決して奇をてらったものではなく、正統的な精神分析の技法や考え方の蓄積の上に成り立っている。その意味で、これから心理療法を本格的に学ぼうとする人たちのみならず、すでに臨床経験のある人たちにも好適な指針となろう。

　本稿で考察した「被害者意識」の精神分析的ブリーフセラピーへの活用は、現段階では、可能性の示唆にとどまった。今後実際の臨床の中でその有効性を検討していきたい。

1) 本稿は村尾（2020c）に加筆修正を加えたものである。
2) モルノスの原典ではTimとなっていたが、TCPのTとまぎらわしいため、Tとせず
   Aとした。
3) Cooper（1995）の日本語訳（岡本・藤生訳『ブリーフ・セラピーの原則』）ではブ
   リーフ・セラピーと表記されているが、本書ではブリーフセラピーという用語で統一
   した。

児童虐待死事例の心理学的家族分析

トラウマの再現性・再演性と被害者意識

本章は、村尾（2016）として公表したものにトラウマの再現性・再演性と被害者意識の観点から加筆修正を加えたものである。取り上げた事例については、基本的に、事実関係などは公開されたものをそのまま用いているが、十分にプライバシーに配慮する措置をとっている（詳細は後述）。

1　はじめに

　児童養護施設では、家族再統合が大きな課題となっている。本研究では、家族再統合後、児童虐待死事件の加害者になったケースを分析した。本事件の加害者A、Bは兄弟であり、Aの子どもC（男子）を兄弟A、Bが虐待死させたものである。Aは児童自立支援施設経験者、Bは児童養護施設経験者である。本研究では、臨床心理学、とりわけ家族療法の観点から家族分析を行った。

　本研究で取り上げる事例は、加害者である兄弟がともに児童福祉施設での生活体験があり、その意味で、もともとの家族にはどのような機能が欠けていたのか、また、その後の家族再統合後の家族には何が問題であったのかという観点から家族分析をすることは、虐待防止を考える上でも意味があると考える。

　本研究は、公にされている虐待事例検証報告書と、兄と弟の刑事裁判の傍聴記録（メモ）から、家族の分析を行ったものである。虐待事例検証報告書はインターネットを通して簡単に入手できるものであり、また、刑事裁判は公開されていることから、裁判傍聴の記録（メモ）を用いることはプライバシーの問題に抵触しないと考える。分析のための資料は、この虐待事例検証報告書と裁判傍聴記録に限定した。人名、地名など固有名詞は一切使用せず、A、B等匿名とし、時期の記載もX年とする等、本研究に不必要な情報は簡略化・省略するなど、プライバシーに配慮した。

　本研究ではまた、村尾（2016）に、さらに被害者意識の観点から考察を加えている。

2　事例の概要

　X年8月△日に被虐待児C（男子、当時5歳）は虐待を受けて死亡。死亡の直接の原因は被告弟Bの暴力であった。死亡時、Cは栄養不足による「るいそう」状態（骨と皮だけの状態）で、急性硬膜下血腫を起こしていた。

　Cの父親である被告兄A（無職、27歳）と被告弟B（無職、25歳）が逮捕され、起訴された。Aの起訴内容は保護責任者遺棄と暴行、Bは傷害致死と保護責任者遺棄の罪であった。

3　事件に至る経緯

　被虐待児Cの母D子は、X−4年にAの暴行が原因で離婚。AがCの親権者となり、もっぱらAB兄弟の母E子（Cの祖母）がCを養育していた。しかし、Aの暴力が原因で、E子は家を出てしまい、Aは仕事を理由に、Cの養育を弟Bに委託した。その結果、Bの暴力が直接の原因となってCの死亡に至ったものである。

　A、BはCに対し、保護責任者として当然の適切な食事と医療を与えない状態であった。

　Aは、仕事をしていない弟Bに養育を依頼しながら、生活費を与えなかった。Aは、給付されていた児童手当と児童扶養手当を子どものためには使わず、もっぱら自分自身のために使っていた。またAはBにCを外に連れ出すことを禁止し、室内はゴミが堆（うずたか）く積もり、足の踏み場もない状態であった。

　X−1年の4月にBがアルバイトを始め、10月からは夜勤になったため、Cの食事は朝、晩の1日2回のみになった。X年1月からAはF子との交際を始め、仕事後に毎日会い、さらにCにかまわなくなり、ほとんどBのみの養育となった。X年春以降は4.5畳にCを閉じ込めドアに紐を巻きつけて出られないようにしていた。

　AはX年6月、Cが入浴中にやせ細っている身体を見て、低栄養状態に陥っていることを知りながら、7月にはさらにCがやせ衰えているにもか

かわらず放置した。被告人らはCが低栄養状態になっても病院に連れてい
かなかった。ただ、Bは、Cの空腹を考え、生活費がないため自分が食事
をとれない場合でも、Cに食べ物を与えることがあった。5歳10か月か
ら11か月には体重10.6kgの低栄養、脱水状態だったが、それでも他人の
介入を排し（保育所の入所を勧められても拒否）、世話を怠り、適切な保護を
せず、現実的な危険を顧みなかった。

4　死亡時のCの状態

　死因は急性硬膜下血腫。Bがコンビニの夜勤から帰宅し、就寝しようと
したが、Cが壁を蹴るなどしてBにかまってもらおうとしたため、Bは
「何で寝ない」と正面からCの両肩をつかみ激しくゆさぶったりCを殴っ
たりした。

　死亡時のCの状態は、医師の証言によれば、低栄養症、脱水症があり、
成長障害、骨と皮だけの「るいそう」の状態で、筋肉や肝臓のグリコーゲ
ンを消費し尽くした状態であった。

　Cの体重は出生時2970g、5歳11か月の死亡時10.6kgであった（1歳4
か月〜5か月児の平均体重）。

　診察した医師によれば、Cは体重減少により肝臓の細胞が萎縮し、直接
の死因となったBの暴力がなくても、余命は1年〜1年半ではないかとの
ことである。また、皮膚が乾燥し「脱水症」が認められる。X−3年6月
上旬のあばら骨が浮き出る状態は医師の治療が必要であり、（この時点で適
切な治療を受ければ）回復は可能だったという。X年7月中旬の食欲が無く
なるにいたっては重症の状態であったとのことである。X年8月△日、C
は死亡した。

5　被告AB兄弟の生育歴

　・Y年、兄A出生。
　・Y＋3年、弟B出生。

・（母親が父親のDVを受ける）AとBは幼少時に父親からの暴力を受けた。Aが小学1〜2年の時、両親離婚。原因は父親の暴力。A、Bの母E子には統合失調症の罹患歴がある。

・（Aの家庭内暴力）Aが小学5年の頃、学校でのいじめにより不登校となる。そのストレスから、BとE子に対して家庭内で暴力を振るった。Bから母への暴力もあった様子。Bにも不登校があった。

・（A、Bの施設入所）A中学3年時、Bとともに児童相談所に一時保護。理由は、E子の統合失調症が悪化して入院したためである。

・Aは、中学卒業後、15歳から17歳まで児童自立支援施設に入所。Bは別施設（児童養護施設）に入所した。Aが児童養護施設ではなく児童自立支援施設に入所したのは、母やBに対する家庭内暴力があったためと考えられる。

・（A、Bの家庭復帰）Aは児童自立支援施設を退所後、自宅でE子と二人暮らし。

　その後、Bも施設から戻って3人暮らしとなった。

・（Aの結婚とCの誕生）Aが20歳時、D子と結婚。2人はクリーニング店で知り合った。当初は2人で生活し、Aが21歳の8月、長男・C出生（児童手当5000円を毎月受給）。X−4年初め頃（A23歳、C1歳5か月頃）、部屋代が支払えなくなり、実家に帰り、A、妻D子、子どもC、弟B、母E子の5人生活となった。

・（AとD子の離婚）Aが結婚後、D子に日常的に暴行を加えていた。X−4年6月、Aが23歳の時（Cが1歳10か月）、D子はCを連れて実家に逃げ帰る。原因はAからD子に対する暴力。D子は結婚前から幻覚や妄想を訴えるなど統合失調症が進行していたが、結婚後も医療費が払えず治療は受けていなかった。D子の統合失調症がAからの暴力により悪化した（D子の証言）。話し合いで、D子はCをAに渡した。AとD子は離婚し、Cの親権者はAとなった。児童手当は受給していた。

・（A、Bの母E子が家を出る）X−3年2月、Cの祖母E子がAの

暴力が原因で家を出た。その後、仕事のないBがCの育児を委託
された。

6 家族分析および考察

このケースの家族について臨床心理学、とりわけ家族療法の観点から分
析と考察を行った。分析の視点は、(1) 暴力の連鎖、(2) 精神疾患、(3)
貧困、(4) 社会的孤立、(5) Cの発達上の問題、(6) 住環境、(7) 家族神
話 (福田, 1999)、以上、七つの視点である。そして、最後に裁判傍聴記録
を用いた研究法について考察を加えた。

(1) 暴力の連鎖

このケースで明確なのは、暴力の連鎖である。この家族には暴力が家族
成員間で繰り返されている。暴力の原点として母E子、A、Bへの父から
の暴力が指摘できる。父が母E子へ暴力を振るうため、父母は離婚。他方、
Aは学校でいじめに遭い、そのストレスから、E子とBに暴力を行使した。

Bの弁護士は、Bは (Cへの) 虐待の事実関係を認めているが、この事件
は「典型的な虐待ではない。Bは兄のAに世話を押しつけられ責任が持て
なかった。Bは小学校に入ると3歳上の兄にいじめられた。熱湯をかけら
れる、ハサミで刺され、目にワサビを塗られる。土下座させられ、100回
コンクリに頭をぶつけさせられ血まみれに。兄Aへの異常な恐怖、激し
い暴力を受けて人格が支配されている」と主張している。

Aは、結婚後、妻D子 (被虐待児Cの母) への暴力があり、それが原因で
離婚。離婚後は母親E子への暴力を繰り返した。またCへの暴力もある。
Aの暴力についてはその態様から父の虐待に起因する「トラウマの再現性
(筆者注:これは再演性ともいえる。西澤は再現性という用語を用いている)」が
指摘できる。これは「家族の中で暴力の被害を受けた人が、配偶者や子ど
もに暴力を振るうようになることによって、暴力の循環 (Widom, 1987)
もしくは世代間伝達 (Kaufman, et al., 1987) が生じる」(西澤, 1999) もの
である。さらにBからCへの暴力があり、Cは死亡。ただし、BからCへ

の暴力は常態化していたわけではない。

（2）精神疾患

　このケースには、統合失調症の問題も関与している。被告人兄弟の母E子は統合失調症に罹患しており、離婚後、その症状は悪化し、A、Bは児童福祉施設へ入所するに至っている。

　Cの母親D子がCを手放して離婚する背景にも、Aの暴力が原因と思われるD子の統合失調症の悪化がある。

　D子とE子はいずれも精神疾患の悪化により子育てを遂行できなくなったという共通の状況が見られる。また、その原因が暴力によるものであることも共通している。裁判では配偶者選択について詳しくは語られていないが、現象としては、妻の精神疾患の発症は世代を超えて同じパターンが繰り返されている。

（3）貧困

　この虐待事件の背後に大きく関与するのは貧困の問題である。Bの弁護士によれば、X－3年1月、B（21歳時）は、Aが生活費を出す約束でCの世話をすることになったが、これについて、Bは育児の経験がないが兄Aの頼みなので従ったという。しかし、生活費の約束はすぐに破られ、Cに食べさせるためにBは何も食べず、水道水だけのこともあり、一方、Aは逆にBに金を要求している。Bは「2週間何も食べていない」「お金を貸してほしい」と民生委員に相談し、社会福祉協議会を紹介されたが、金を借りられなかった。水道・光熱費を滞納した経緯もある。

　Cの母D子は、検察官の「経済状況はどうだったのか」との質問に対して、「食べるものを買うお金がない。食事は週に1～2度、500円を母からもらう等。……実母が置いていったパンなどをもらったこともあった。（一方）Aは別な食事だった。Aに『弟のBからもらえ』と言われたので、Bから1000円くらいもらって紙オムツを買ったこともある。実母E子や弟Bがサラ金から借りた金をAは使用。私（D子）はクレジットカードのキャッシングで20万円借りたことや、アクセサリーやカバンを質屋に入

れたこともあった」（D子の証言を筆者が要約）という。

　Bも貧困について述べている。弁護士の質問「（あなた自身）子どもの頃から食べなかったことはあるのか」との質問に対して、Bは「食べていない記憶が多い」と答えており、「自分がそれに耐えられるので、Cの空腹に鈍感になっていたのではないか」との問いかけに「そう思う」と証言している。

　貧困の世代間伝達が認められる。また、Bの証言から、Bが空腹に対して特殊な感覚を持ち、それが育児に何らかの悪影響を与えたことも指摘できる。

(4) 社会的孤立

　Aは、裁判員からの「児童手当、児童扶養手当などの他に自治体からのいろいろな手当があるはずだが、なぜ受けなかったのか」との質問に対して、「知らなかった。父子手当を最近知ったが、F子との交際がはじまり、結婚したら彼女が面倒みると言うので、手続きを途中でやめた」と述べている。

　また、本件の3年前から市職員から再三にわたって保育所入所を勧められているが、Aは拒否している。民生児童委員等の訪問もあったが、状況は変わらなかった。Bが、「保育所に入れてはどうか」と聞いても、Aは「（生活に必要な）車を買う方が先」等と答えて、保育所に入れようとはしなかった。

(5) Cの発達上の問題（育てにくさ）と育児知識の不足

　Cには言葉の遅れと、オウム返しによる返答など、発達障害が疑われる言動が見られた。このようなCの言動に対して、Aは怒りで対応している。例えば、Aは次のように述べている。

　X年8月×日に暴行。（Aは）体調悪く、午前11時50分に帰宅。Cは『コロコロコミック』を見ていたが「帰ってきた」と嬉しそうだった。布団に入って寝ていると「ガリガリ」と壁をボールペンでこする音。後頭部を殴る。「やめてと言ったよね、こういう時は何て言うの」と言っても謝

らないのでビンタ。「ごめんなさいと言うのでしょ」と言ってもオウム返しの言葉しか言えない。手が痛くなるほど強く、おでこをゲンコツで段る。しかし自分から謝らない。「もうだめだよ」と言って寝る。すぐにガリガリと壁をほじくる音がする。「こういう時は何て言うの」と叱る。Cはまたオウム返しで「イウ」。足で回し蹴り。起き上がると「どう思っている？」と聞くが答えないので足で顔を蹴る。「コワイ」と泣き出しそう。トイレに閉じ込める。「トイレに行くよ」「ヤダヤダ行かない、静かにねる」トイレに閉じ込め電気を消す。「開けて、静かに寝る」と泣き叫ぶ。「何が悪いかわかる？」ドアをドンドン叩く、「ごめんなさいは？」、オウム返しに「ゴメンナサイ」、「じゃあいいよ、大丈夫だったか？」特に痛がっている様子はなかった。……

　Cは発達障害に起因する育てにくさがあったと推測できるが、そのようなCに対して、怒りという不適切な対応を繰り返している。発達障害的な問題が本事例の問題をいっそう悪化させている。

　また育児や子どもの健康状態についての無知も指摘できる。Aは次のように述べている。

　X年2月。当時、Aが交際していたF子に「Cちゃん、ぷくぷくしていてマックのハンバーガーの食べ過ぎではないか」と言われた。以来ハンバーガーを与えないようにした。おにぎりとパンだけにした。5月中旬から二の腕が細くなった。6月初め、手足細く突然ガリガリに。急激に痩せたので病院も考えたが、時間と金がない。虐待を疑われる。弟に任せて外に連れていかせるのも嫌である。その後F子に会わせ、「ハンバーガーを食べさせてもよいか」と聞いたら許してくれたが、ハンバーガーを買って帰ったことはない。7月中旬、食欲が落ちた。ひと口、ふた口で「いらない」(C) と。さらに悪くなって家で食べ物を与えているだけでは治らないとわかった。F子と連絡がとれなくなり捜し回った。ゼリー、ヨーグルトなどを与えたら良いのは知っていた。下旬にお風呂で見ると、さらにガリガリで肌はザラザラ、垢とは違う鳥肌が固まったような。異常だとわかっていたが、病院に連れていくと人目が気になるし、F子のことで精一杯だった。……

ここには子どもの健康についての無知があり、それが社会的孤立によって、さらに問題が悪化している。「7月中旬の、（Cが）食欲が落ちた」状態は、医師によれば「重症の状態だった」。

(6) 住環境

　住環境は「ゴミ屋敷状態」(A)。X－3年1月から約3年8か月間一度もゴミ出しをしていない。その結果、ゴミ袋122袋、ペットボトル4413個、弁当のから5426個、オムツ千枚以上が放置されていた。なおCが5歳11か月までの間、オムツ交換の頻度は2日に1回だったとのことである。

　住環境の劣悪さが急速に加速したのは、Bが仕事に出るようになってからと考えられる。

(7) 家族神話

　筆者はこの事件を家族神話の観点から考察できると考える。

　家族神話とは臨床心理学、家族療法に関する概念である。家族には、家族独特の一定のルールや非合理な思い込みがあり、それによって家族は支配されることがしばしば認められる。このような家族の中で信じられ支持されている非合理な思い込みを家族神話family mythと呼ぶが、福田(1999) は、これに関して、「家族だけに通用する偏った見方」であり、「客観的に見ると現実と乖離している場合もある」とし、「家族療法の面接進行において重要な意味を持つ」と述べている。

　福田 (1999) は次のようにも記述している。「母親はいつも家族の犠牲になっている」という家族神話があるとしよう。「母親はいつも自分を抑えて家族を優先させている姿がある。ところが実際は母親が家族を支配している、ということがよく見られる」といい、このような家族神話を扱うことの必要性を論じている。また、内田 (2019) は、「家族神話とは、これまでに家族の形成過程において、思い込まれてきた非合理な信念であり(中略) 重要なのは、家族にはさまざまな秘密があり、その家族神話が語られた場合に、その扱いに精通していること」が求められるとし、家族神

話への配慮と対応の重要性を指摘している。

　松谷（1999）は「たとえば母親が子どもの問題を父親に話すならば、父親はその子どもに対して怒り、暴力を振るうかもしれない」という家族神話を例に挙げ、家族神話について、バイング・ホール（Byng-Hall, J.）の考え方を例示しながら、このような家族内の非合理な思い込みは、「家族が直面している実際の問題を検討することに対する家族の防衛と考えられる」と述べている。

　本ケースをこの家族神話の観点から考察すると興味深い。このケースにおいても、非合理な思い込みが見て取れる。例えば、施設に預けることを極端に拒否したこと、また、養子に出すことを極端に拒否したことである。

　検察官に対して、Aは、「（施設に）預けてCが嫌われたら悲しむ。自分が施設で悲しい体験をしたから」また、「他の人に預けるのはCに失礼だと思った」と述べている。Bは、裁判員の質問「兄にサラ金から金を借りさせられたり、Aに金を貸したり、（このような不合理なことを）なぜ断れなかったか」との問いに対して、「金がないと生活できないし、『Cを養子に出さなければ（いけない）』と言われたから」と述べている。

　Bの弁護士は「Bが兄Aの言いなりになったのはかつて暴力を振るわれたせいかもしれない。お人好しなのかもしれない。しかし、いずれにせよAの『Cを養子に』というセリフが決め手だった」と述べている。

　ここには、兄弟A、Bが共有する思い込み（家族神話）が見て取れる。

　それは、「どんなことがあっても子育ては家族が行わなければならない。そうでないと子どもが不幸だ。あるいは、家族で子育てを行うことが子どもにとって最も幸せなことである」というものであろう。

　「子育ては家族が行わなければならない」という考え方は、社会通念上、健康的な考え方であり、常識的でもある。また、「そうでないと子どもが不幸だ。あるいは、家族で子育てを行うことが子どもにとって最も幸せなことである」という考え方もきわめて常識的な考え方である。

　しかし、「どんなことがあっても子育ては家族が行わなければならない」という考え方になると、少し様相が違ってくる。例えば、養育能力がない、あるいは子育てができる状況にないにもかかわらず、このように考えると

したならば、偏った思い込みといってもよいのではないだろうか。その意味で、筆者は、この思い込みを「家族神話」と考えるのである。

　この家族には客観的に見て、子どもを養育するだけの能力も経済力もなかったにもかかわらず、この考え方に固執している。これは福田（1999）のいう家族神話と現実の乖離といえる。

　トラウマ体験は家族神話になりやすいと考えられる。そして、その家族神話は現実と乖離することがある。例えば、池埜（1998）は「心的外傷性ストレスは、クライエントの家族関係に強い影響を与え、家族内の役割やルールに混乱をもたらし、（中略）罪悪感、アルコール依存や薬物依存、家庭内暴力（DV）、地域からの孤立などの問題を引き起こす可能性が高い」と指摘している。これは、家族神話に取り込まれやすいということでもある。

　布柴（2013）は、罪悪感は家族神話に取り込まれやすいことを指摘し、その理由として、「家族神話に取り込まれた罪悪感が、物語として言語化された時に、新たな意味付けがなされ、クライエント自身がそれを抱えて生きていくことを可能にする（中略）（他方）人はこのような家族神話のこのような機能に守られて生きている（中略）しかし、（家族神話が）無意識に座するに、家族神話は逆にその人の人生を縛り、翻弄させるものにもなりうる」と述べている。

　筆者は本書第10章において、生存者の罪悪感＝サバイバーズ・ギルト（金, 2001）を引き合いに出し、罪悪感と被害者意識は相互に「光と影」の関係にあるのではないかと考察しているが、家族神話においても被害者意識（トラウマ体験を含む）は、罪悪感同様に取り込まれやすいといえる。また、同じように、「（取り込まれた）家族神話は逆にその人の人生を縛り、翻弄させるものにもなりうる」（布柴, 2013）といってよいのではないだろうか。

　さて、この家族神話の土台にはA、Bの家族に関する被害感・被害者意識がある。この点に焦点を当てて、考察をさらに深めてみたい。

a. 家族神話の形成過程（被害者意識と家族への幻想的思い込み）

　さて、この「どんなことがあっても子育ては家族が行わなければならない」という思い込み（家族神話）はどのようにして形成されたのであろうか。

　この家族神話の根底には「自分たちは、家族による子育てを受けてこなかった」という兄弟A、Bの強い被害者意識が存在する。そもそも親から適切な子育てを受けてこなかったという被害感は幼少期からあったといえるが、A、Bともに福祉施設に措置されてから、このような思いを深めたと考えられる。

　A、Bは施設で育てられたことに強い被害感を持っている。この被害感の原因は、一つには施設で育てられたこと自体に不満があるということであろう。例えば、Aは、公判廷で検事に対し「（施設に）預けてCが嫌われたら悲しむ。自分が施設で悲しい体験をしたから」と述べていることからもわかる。

　この被害感を別の視点からも考えることができる。それはトラウマ体験がもたらす被害感である。

　筆者は非行少年たちが「加害者でありながら、被害者意識が強い」という、いわば被害者意識のパラドックスに支配されていることを論じた（第1章）。自分たちは不幸だ、不運だといった被害者意識が、加害者意識の深まりを阻害し、再犯を繰り返すという仮説だが、この被害者意識の背景には虐待などのトラウマ体験が関わっていることがしばしばあることを指摘した。

　では、A、Bの被害者意識、被害感の背景にあるトラウマ体験とはどのようなものであろう。それは父からの暴力と母親からの不適切な養育だったと考えられる。ところが、AもBも、公判廷では、暴力的な父に対する恨みがあまり強く語られていない。これにはやや不自然さを感じる。

　被虐待児は、トラウマからの回復過程において、例えば、心理療法において、加害者（親）へのネガティブな気持ちを吐露したり、あるいは、加害者に見立てた人形等に攻撃行動を加えることがしばしば指摘される（西澤，1999）。

　そのように考えると、AやBは、父親への恨みの気持ちの吐露が十分に

行われていないのではないかという疑問が生じる。つまり、施設入所中に
トラウマ体験への対応が十分ではなく、そのために、強い被害感すなわち
被害者意識が残存し、それが施設への嫌悪や恨みに転化した可能性が考え
られないだろうか。このことは前述のトラウマの再現性・再演性の観点か
らも指摘できよう。

b.　A・B・Cの共生関係とAの女性依存

　この思い込み（家族神話）をさらに検討してみたい。この思い込みの性
質が最もよく現れていることの一つは「いずれにせよ兄Aの『Cを養子
に』というセリフが決め手だった」というBの弁護士の言葉である。これ
は、Bにとっては、自分からCが引き離されることが、いかに辛いことで
あったかということが示されている。Cは、実際の養育者であるBに依存
していることはいうまでもないが、BもまたCに依存している。つまり、
ある種の共生状態であったことが疑われる。このことをAがよく知って
おり、これを逆手にとって、Bを利用し、またBを支配していたともいえ
よう。

　一方、Aも当時「Cには母親が必要」という名目で、（別れた妻以外の）
別の女性F子を追い回していた事実（法廷での証言）がある。これはAの
女性依存傾向を示すものともいえる。AもBも他者への依存性が強く、自
立性の乏しさが示されている。「どんなことがあっても子育ては家族が行
わなければならない」という思い込み（家族神話）の背景にはこのような
自立性の欠如あるいは（A・B・Cの）共生状態・融合状態があるといえる。
この状態は共依存状態という言葉でも表現される。この共生・融合状態を
家族療法の観点から分析してみると、例えば、ボーエン（Bowen）は家族
メンバーの「分化」を重要視している（Hoffman, 1981）。「（ボーエンの）家
族システム理論においては、分化が健康と、そして、融合が病理と相関関
係にあると演繹される」（遊佐, 1984）。ボーエン理論においては、家族機
能の健康さは、共生・融合状態から個人の自律や分化を獲得することが重
要になる。一方、ビーバーズのシステムモデルにおいては、家族神話と現
実の関わりが問題にされており、家族神話が現実からかけ離れていると家

族機能に問題が生じるとされている（杉渓，1992）。

　この家族の自立性の欠如が、この家族神話に縛られることの背景に存在している。また斎藤（2008）は、家族が健康を獲得する上で、このような家族神話から家族が解き放たれることの重要性を指摘している。

　「どんなことがあっても子育ては家族が行わなければならない」という思い込み（家族神話）はABそれぞれの他者依存性を促進するように作用しており、Aはこの家族神話を、（F子を追い回す）自分の女性依存を正当化するために用いており（Aは「Cには母親が必要」と主張）、BはCとの共生関係を正当化するために用いている（Bは「Cを養子に出さないで」と強く主張している）。

c.　社会的孤立の促進

　さて、この家族神話の最大の効果は、この家族の社会的孤立の促進である。

　養育能力に欠ける家族、つまり家族として適切に機能しない家族で育ったA・B兄弟は、福祉施設に入った。ところが、そこを出て家族のもとに戻った。その後、AはD子と結婚して家族から独立するが、経済的理由で、元の家族に戻る。すると、状況は、また以前同様の機能不全の家族に戻ってしまった。

　すなわち、暴力による支配である。この暴力のために、D子の精神疾患は悪化し、子育ては継続できなくなる。これはA・Bの育った家族と全く同じ状況の再現である。

　このように暴力が機能不全家庭の再現・反復を促し、さらにこの家族の社会的孤立を促進している。そして、この社会的孤立状態を正当化する方向に、家族神話が作用している。

　ところで、人間が狭い考え方に固執する場合にはどのようなものがあるか考えてみたい。一つには強いストレス下にある場合が考えられる。我々は、強いストレスに長い間さらされると、認知と感情の悪循環が生じ、ますますうつ的になるという。大野（2000）は、うつ的になっていくプロセスには、認知の歪みが認められ、ごくわずかな事実を取り上げて何事も同

様に決めつけてしまう認知が生じるという。強いストレス下では、狭い見方に拘束されるのである。

例えば、湯原（2019）によれば、介護殺人と呼ばれる事例には、献身的に介護をしていながら、介護殺人へと追い詰められているケースがあり、その背景には「社会的に孤立し、追い詰められていく」プロセスが認められるという。この介護殺人における社会的孤立と殺人へと追い詰められていくプロセスには、大野のいううつ的になっていくプロセスが見て取れる。

本事例で「どんなことがあっても、子育ては家族がしなければならない」という考え方へのこだわりは、（うつの症状はないと考えられるが、）見方を変えれば、強いストレス下における一種の極端に狭い見方への拘束というとらえ方もできるであろう。

d. 家族再統合という視点からの総括──トラウマ体験・被害者意識への手当ての必要性

このケースを家族再統合の視点から総括すると、まず家族に再統合された後、再び、施設で過ごす以前の機能不全家庭を再現してしまったことが最大の問題である。特に暴力による支配が問題である。その背景として、A、Bいずれもが父親からの虐待によるトラウマ体験が癒されていない状態だったことが疑われる。それはAによる家族の支配とA、Bの父親によるそれとが非常に似ていることからも推測される。これは前述のトラウマの再現性・再演性ともとらえることができる。

ここで筆者が指摘したいことは、家族再統合の際に、当該児童のトラウマ体験（被害感・被害者意識）への手当てが不十分であると、施設に対する嫌悪感や被害感をことさらに高めてしまう危険性があるのではないかということである。そして、問題状況を再現・反復する危険性があるということである。トラウマの再現性・再演性の背後にはトラウマの回復不足がある。児童養護施設や児童自立支援施設で生活する児童の中には、自分は不幸であるといった被害感を抱えた児童が散見されるが、その被害感の改善には、トラウマ体験への手当てがきわめて重要になるケースもあるのではないだろうか。

▌7　おわりに

　被告 A、Bが育った家族は父親の暴力、母親の統合失調症の悪化という適切に機能しない家庭であった。そのため、同兄弟は福祉施設に入所したが、退所して帰って行った家庭も、結果として、以前と全く同様な機能不全の家族を再現してしまった。そして、福祉の支援が届きにくい社会的孤立の状態に至ってしまったのである。

　筆者は、現在、児童養護施設に関わっているが、適切に機能しない家庭に育った子どもが、その家族に再び復帰していく状況を見るにつけ、子どもの行く末が案じられてならない。家庭という場は、場合によっては非常に閉鎖的となり、社会から隔絶した状況に至ってしまう。家庭に恵まれない子どもたちが、家庭復帰後も圧倒的に不利な状況で生きていかざるを得ない実態はしばしば議論されるところである。施設を出た子どもたちや復帰後の家庭をフォローアップする制度の強化を強調しておきたい。

　総括として意見を述べるならば、児童養護施設生活の場合は、生活指導の中で、積極的にトラウマ体験に対応する必要があるのではないかと考えている。従来、トラウマ対応について二つの考え方がある。一つはクライエントがトラウマ体験を想起し、再構成して語り、ライフストーリーの中に統合することが重要とする考え方（例えば、ハーマン（Herman, J.L.））で、これが一般的と考えられるが、他方、子どもの臨床は特殊であって治療的努力の焦点は、支持的な家庭あるいは養育の場を作り出すことにあるとする考え方（例えば、パトナム（Putnam, F.W.））もある（土井，2009）。この考え方も重要なものである。

　筆者としては、児童養護施設においては、児童の幼少期はトラウマに焦点を当てることよりも、支持的な家庭あるいは養育の場を作り出すことに専念すべきだが、小学校高学年、中学・高校の段階に入った、いわば思春期の段階に入った児童の場合は、つらかった体験を話せる場を作って対応する、すなわち、トラウマ体験に対応していく必要があるのではないかということをあえて提言したい。

第 8 章

被害者と加害者の関わり

本章では、被害者と加害者の関わりに焦点を当てる。「はじめに」でも述べたように、筆者の心理臨床の基本的姿勢は、「加害者は加害者として、あるいは、被害者は被害者として、別個のものとしてとらえるのではなく、両者を相互に関わりのあるものとしてとらえるべきであるという視点」をとっている。本章では、被害者支援と被害者の視点を取り入れた教育について考察しながら、修復的司法の実際にも言及する。

1　被害者支援

(1)　被害者の立場

　加害者の権利ばかりが重要視されている。被害者の権利はどうなるのか。最近、このような声をさかんに聞くようになった。

　「我が国では、明治6年の太政官布告『仇討禁止令』により、それまで私的制裁として認められていた仇討が法的に禁止された。その後、近代法の特徴である民刑峻別の考え方が定着し、犯罪の結果もたらされる被害は、『国家に対する被害』と『被害者個人に対する被害』の二つに分けて考えられるようになったのである。そして、前者は刑事手続きの対象、後者は民事手続きの対象となった」(柑本, 2001)。

　「刑事手続きは、『加害者対国家』の対決の場となり、国家権力によって責任を追及され加害者には、自ら国家に立ち向かうことが要求される。そのため、加害者には憲法でも、刑事訴訟法においても、自らを国家から防御する権利が保障される、という展開になったのである」(柑本, 2001)。その結果、被害者は事件の当事者であるにもかかわらず、刑事裁判手続きで忘れられた存在になっていったのである。

　ところが、「被害者個人に対する被害」は民事手続きで対応するといっても、加害者に資力がない場合は賠償金を実際に取ることができない。テロ事件の被害者や通り魔殺人の被害者などは、「なぜ、私が、なぜ、身内が」という思いを晴らすことができない。しかも、刑事事件において加害者の権利保障のみに焦点が当てられる現実には、被害者としては納得がいかないのである。

　これまで、加害者の人権が取りざたされることは多かったが、被害者の人権に注目が集まることは少なかったといえる。そのような中で、被害者を支援していこうという動きが高まっており、被害者を支援する民間団体が全国的に設立されてきている。

（2）被害者に必要な援助

　通り魔殺人や無差別テロの被害者を考えてみたい。被害者の遺族は事件があった時から生活は一変してしまう。なぜ自分がこのような目に遭わなければならないのか。この理不尽な結末に納得いくはずがない。このような特殊な例ばかりでなく、一般的に被害者は犯罪の被害を受けることで、身体的、精神的のみならず、経済的にも大きな苦痛や負担を強いられる。被害者は加害者に対し民事の損害賠償請求を起こすことが可能であるが、たとえ裁判に勝っても、加害者が無資力のため損害賠償を受けられないことが多く、犯罪被害者の実質的被害回復の観点から、損害賠償制度は完全ではない。また、精神的なショックから立ち直れない場合も少なくない。このように被害者の支援は精神面、経済面、生活面など多角的な支援を必要とするのである。

　犯罪被害者への損害賠償制度については、1980（昭和55）年に、「犯罪被害者等給付金支給法」が制定され、生命や身体を害する犯罪行為によって思いがけず殺された者の遺族または重い障害を負った者には、国から、遺族給付金・障害給付金と呼ばれる見舞金的な一時金が支給されることになった。その後、近年になって国は被害者問題についてかなり動き始めている。2004（平成16）年には犯罪被害者等基本法が制定され、翌2005年には「犯罪被害者等基本計画」が策定された。

　ここでは、宮澤・國松（2000）、警察庁（2017）、法務省（2017）等を中心に、国によるこれまでの犯罪被害者等支援の主な取り組みを概観してみたい。

（3）国による犯罪被害者等支援の取り組み

・昭和56年「犯罪被害者等給付金支給法」施行

・平成 12 年　犯罪被害者等保護二法制定

　　　性犯罪に関する告訴期間の撤廃、公判におけるビデオリンク方式（性犯罪などの被害者が関係者がそろった法廷で証言することで精神的に負担を受けるような場合に、その負担を軽減するため証人を別室に在席させ、モニターを通して尋問を行う方式）など証人の負担を軽減する措置の導入等。

・平成 16 年「犯罪被害者等基本法」制定（平成 17 年 4 月施行）

　　　犯罪被害者等が直面している困難な状況を踏まえ、その権利利益の保護を図り、総合的な支援を進めることとした。犯罪被害者等のための基本方針及び重点課題が決められ、これにより刑事手続きへの関与の拡充の取り組み、被害回復や経済的支援への取り組み、被害者参加制度の創設など大幅な制度改正が行われた。

・平成 17 年「犯罪被害者等基本計画」策定

　　　「損害回復・経済的支援等への取組」「精神的・身体的被害の回復・防止への取組」など、258 の支援施策を盛り込む。

・平成 19 年「犯罪被害者等の権利利益の保護を図るための刑事訴訟法等の一部を改正する法律」成立

　　　刑事裁判への被害者参加制度や刑事手続の成果を損害賠償請求に利用することができる制度の導入。

・平成 20 年「犯罪被害者等給付金の支給等に関する法律の一部を改正する法律」成立（平成 20 年 7 月 1 日施行）

　　　遺族給付金や重傷病給付金の支給に関し、医療費の自己負担分に加え、休業補償を加算することを盛り込んだ。

　　　「平成 20 年から、被害者参加制度が開始され、殺人や傷害等の一定の被害者が公判期日に法廷で検察官の隣に着席して裁判に出席し、法廷で意見を述べることができるようになった。また、裁判所も被害者等と被告人（あるいは傍聴人）との間を遮蔽する措置やビデオリンク方式を採用したり、適当と思われる者を被害者に付き添わせるなどの配慮を拡充している」（日本心理研修センター，2018）。

その他にも、犯罪被害者支援は警察においても近年積極的になされ、加害者の処分等に関する情報提供をすることや相談やカウンセリング体制を整備すること、捜査によって余計な負担をかけず二次的被害を受けないように配慮すること、暴力団やストーカー、DVなどから安全を確保することなど新たな制度や取り組みが展開されている。

（4）犯罪被害者の求める支援

さて、犯罪被害者たちは、実際にどのようなことで苦しみ、どのような支援を求めているのであろうか。

平成19年神奈川県は、県内の犯罪被害者等を対象に事件後の心境や状況、必要と感じる支援、地方公共団体に求める支援施策等について意識調査を実施した（神奈川県，2008）。その結果から、犯罪被害者たちの心情や求める支援を検討してみたい。

犯罪被害者等の意識調査

平成19年に神奈川県が実施した意識調査の主な結果（神奈川県，2008）を見ると、次のようなことがわかる。

①事件後の心境や状況

犯罪被害者等の多くが、事件後、「不眠・食欲減退などの症状が続いた（67.6％）」などの精神的・身体的不調、「事件に関連して医療費、交通費、裁判費用などの負担が生じた（56.8％）」「収入が減って、生活していく上での不安があった（32.4％）」などの経済的問題、「刑事手続についてわからず不安だった（51.4％）」「警察などでの事情聴取が苦痛だった（43.2％）」といった捜査等の過程における情報不足や精神的負担、そして、「人目が気になり、外出できなくなった（37.8％）」「家事、育児、介護ができなくなった（29.7％）」などの日常生活上の支障、「マスコミからの取材で迷惑した（32.4％）」などさまざまな問題を抱えており、さらには、「事件後に困ったことなどを相談できる窓口などがなかった（32.4％）」「事件のことを安心して話せる人がいなかった（29.7％）」というように相談できる人や

窓口がないと感じている。

②必要と考える支援

多くが「精神的な支え（86.5％）」「経済的な援助（81.1％）」「捜査状況の連絡（81.1％）」を望み、「警察（62.2％）、病院（62.2％）、裁判所（64.9％）への付添い」や「支援機関・団体等の情報提供（70.3％）」「弁護士の紹介（67.6％）」「専門家のカウンセリング（67.6％）」などの支援も必要としている。

また、警察や県・市町村等の公的機関に対して、「総合的な窓口による支援（73.0％）」や医療、福祉、法律等支援制度全般について相談できる「総合アドバイザーによる支援（73.0％）」「犯罪被害者等に対する理解の促進」（67.6％）といった施策を求めていることがわかる。〔（　）内は「必要」「どちらかといえば必要」を足した％〕

さて、被害者への支援に、各県の行政や警察では力を入れ始めている。また、民間の被害者支援団体の設立も進み、公的な機関と連携しながら被害者支援を行っている。

民間被害者支援団体が行っている被害者支援活動を簡単にまとめると次のようになる。

1.　電話相談
2.　面接相談（カウンセリングを含む）
3.　直接支援（被害者の法廷付き添いや病院訪問、自宅訪問などを行う）
4.　自助グループへの支援[1]

被害者支援には弁護士や臨床心理士などの専門家だけでなく、ボランティアなど多様な支援が求められる。また各都道府県の行政との密接な連携が求められよう。

(5) 家族支援の必要性

犯罪学の分野では、犯罪による直接の被害だけでなく、被害者（遺族）

を取り巻く周囲の人々の不適切な対応や司法制度そのものから受ける被害を「二次被害」と呼び（小西，1998）、被害者のこころをさらに傷つけるものとして位置づけている。例えば、警察の事情聴取において無配慮な質問を受け、さらにトラウマを悪化させることなどはよく知られている。しかし、二次被害として家族関係の悪化が生じることは一般的にはあまり知られていない。ところが実際の支援現場では犯罪や事故で子どもを失った夫婦が失意の末に離婚に至ることなどはしばしば耳にするところである。大和田（2003）は子どもを犯罪（交通事故を含む）で亡くした親124名を対象に質問紙調査を行い、二次被害について因子分析を行ったところ、「家族関係の悪化」が第1因子となったことを報告している。この因子は、家族のまとまりが乱れた、家族の間に溝ができた、夫婦で互いに責め合った、家族の会話が減った、実家や親戚と疎遠になった、という項目から構成されている。

　六つの因子が抽出されており、ちなみに、第2因子は「生活習慣の変化（外出できなくなった、仕事や趣味をやめた等）」、第3因子は「不適切な対応（周囲の人々から気持ちを逆なでされることを言われた、いろいろな人の言動に傷つけられた等）」、第4因子は「生きがいの喪失（子どもに託していた夢や希望を失った、生きる楽しみを失った等）」、第5因子は「経済的問題（収入が減った、医療費など出費がかさんだ等）」、第6因子は「事件後の処理（さまざまな手続きや書類の作成に追われた、葬儀の準備や後片付けなどに追われた等）」である。

　なぜ、第1因子がこのような「家族関係の悪化」になるのか。この背景として、男性と女性ではストレス対処の方法が違うという指摘がある（加藤，1999）。ヴォークトとシリッジ（Vogt & Sirridge, 1991）は、「たいていの男性は感情的なことを表現するのに困難を感じている。［一方］女性は男性に向かって感情を表出したり、（中略）一方的にしゃべってしまう」と指摘する。筆者の臨床的な印象からいうと、子どもを失った男性（夫）は、（子どものことを考えまいとして）仕事に黙々と打ち込むことで辛い気持ちを乗り越えようとすることが多い。ところが女性（妻）は自分の辛い気持ちを夫に聞いてもらいたい、話がしたいという態度をとることが多い。

妻は帰宅した夫に子どもの話を聞いてもらうとするが、夫は聞きたくないという態度をとる。妻にしてみれば、夫の態度はいかにも冷たい態度として映るに違いない。このようなストレス・コーピングの違いが、夫婦のすれ違いを生むことがしばしば認められる。子どもを亡くすことは悲劇である。しかも、その上で夫婦や家族関係が壊れてしまうとすれば二重の悲劇であろう。被害者のみならず、その家族をサポートすることも重要であることが理解されよう。

2　被害者の視点を取り入れた教育
——少年院、刑務所での取り組み

(1) 被害者の視点を取り入れた教育

　前述のような被害者に注目する時代の流れは、犯罪少年の更生の場においても大きな影響を与えるに至った。これは被害者の立場を尊重する姿勢となって、矯正教育にも影響が表れている。平成17年（2005年）3月28日付で（法務省）教育課長通知「少年院における被害者の視点を取り入れた教育について」によって、平成17年4月から、全国の少年院で「被害者の視点を取り入れた教育」が実施されるに至った。

　被害者の視点を取り入れた教育については、もともと少年院では、被害者の気持ちを考えるという教育は行われていたが、具体的に行われるようになったのは、平成9年の神戸連続殺傷事件（いわゆるサカキバラ事件）の後、生活訓練課程G3の中に、被害者やその家族の気持ちを考えるという教育が導入されるようになってからである。その後、平成16年に外部の専門家や大学関係者などが入って「被害者の視点を取り入れた教育研究会」が立ち上げられ、被害者の生の声や被害者理解のためのビデオ制作などが行われ、体系的なプログラムが作られ、平成17年4月から全国すべての少年院で「被害者の視点を取り入れた教育」が行われるようになった。

　また、刑務所においても、平成18年5月23日付の「受刑者の各指導に関する訓令」（緑川, 2009）などにより、平成18年5月から必要な刑務所において、この「被害者の視点を取り入れた教育」が行われるようになっ

ている。浅野（2011）によれば、全国の刑事施設において、全受刑者の約
1割が、被害者の視点を取り入れた教育を受講しているという。

　一例としてA少年院の取り組みを紹介したい（村尾, 2008b）。

　筆者は平成19年3月X日にA少年院を訪問し、教官からインタビュー
調査を行った。

　同少年院では、入院から出院に至るまで、個別面接によって、被害者の
心情を理解させる教育を行っている。これに加えて、被害者の視点を取り
入れた教育として、集団討議（グループワーク）、ゲストスピーカーによる
講話（被害者の「生の声」を聞く）、A少年院が独自に作成した「非行を振り
返り、被害者のことを考えるワークブック」、ユースフルノートなどを用
いている（これらは、被害者の視点を取り入れた教育のために用意されたプログ
ラム、あるいは手段ではなく、これらのプログラム等の中で、この被害者の視点を
取り入れた教育も行われると解される）。

　集団討議とは、7〜8名のグループを作り、そこに職員が2名ほど入り、
自由に話させることで、グループとして少年たちの成長を促していくもの
である。少年院としては、①グループに入ることを強制しない。すなわち、
本人の意志を尊重する。②グループ内で話をした内容は他者にもらさない。
すなわち、秘密を守る。という2点をグループ運営の条件としている。グ
ループを作る上で対象となる非行内容は、性犯罪、薬物非行、窃盗、傷害
である（性非行のグループについては女性職員が1名入る）。これは、毎週1回、
3か月間行われる。原則12回であるが、状況に応じて、長短が出てくる。
このグループはこころの奥のことまで語ることになるので、深い信頼関係
を形成することになる。いわばこころの扉を開けることになるので、出院
する時は、再びグループで話し合いをして、このこころの扉を整えて出院
させるというフォローアップの段階を行うという。

　A少年院では独自のワークブックが作成され、それを読んで設問に回答
するというものが用意されており、木曜日の午後に行われている。また、
同少年院では独自の、もう一つの取り組みとして、ユースフルノートが活
用されている。これは担当者に対して、伝えたいことを書く、何を書いて
もよい。自分のこころの奥底のことまで担当者と相談したり、表現したり

できる。このようなものを活用して、被害者の視点を取り入れた教育を行っている。

　少年院の職員から話を聞く機会を得たが、被害者への対応は、非行の形態によって左右されるという。傷害などは、実際に身体を傷つけたという自覚があるので、被害者のことを深く考えるようになるが、薬物非行などでは、被害者はいわば自分自身であるので、被害を与えた自覚が深まりにくい。また、万引きも個人に被害を与えたというより店に被害を与えたという受け止め方になりがちであり、しかも店に大した被害を及ぼしていないといった受け止め方が生じやすく、被害者の心情の共感は深まりにくい。最近の「振り込め詐欺」も被害者の顔が見えないので、同様の印象があるという。

　被害者教育に活用される手法として、ロールレタリングがある。これは、加害者である少年が、被害者に対して手紙を書き（実際には投函しない）、それを今度は少年が被害者の立場に立って読み、少年が被害者の立場に立って返信の手紙を書く。これを何回か繰り返させるというものである。

　これについても被害者の心情理解の深まりはケースバイケースである。例えば、被害者から「謝りに来てほしくない」と言われた場合もあるという。特に性非行の場合は、被害者は加害者と二度と会いたくないと思っている場合も少なくない。そういう場合のロールレタリングは、被害者の立場に立って、「もう来てほしくない」という手紙で終わってしまい、深まりが欠ける場合も出てくる。そこで、被害者の心情理解をどのように深めていくかが、担当者の苦慮するところとなる。指導も、出院後謝罪に行くという方向の指導に進む場合もあれば、直接謝罪に行くのは好ましくない、別の形で誠意を示すにはどうすればよいかという指導に進む場合も出てくる。このような結論は、あくまで少年の自己決定を尊重しているという。

　さて、被害者の心情が深まりにくい場合を考えてみると、教官に聞いてみたところ、その要因となるものとして、自分自身も被害体験を受けている場合が挙げられるという。例えば、自分自身が親から虐待を受けてきた場合や、自分も他の少年から暴力の被害を受けてきた場合、また暴力団から脅されてその結果として犯罪に及んだ場合など、自分も被害体験がある

場合である。こういう場合は、通り一遍の「暴力は悪い。被害者に悪いことをした」といった指導では、こころの中に入っていかない。少年自身の被害体験への手当てが不可欠となる。すなわち、指導者側が少年自身の被害体験にじっくりと耳を傾け、そこを理解し、受け入れることを行って、初めて少年たちは被害者の心情に共感できるようになるという。つまり、受け入れて指導するということが大切になるというのである。

(2) 被害者の視点を取り入れた教育の本質
更生を阻害する要因としての被害者性

　筆者は平成 18 年 3 月△日に X 刑務所（B 級）を訪れ、「被害者の視点を取り入れた教育」の一つとして行われるグループワークに参加し、受刑者と接する機会をもった（村尾，2008b）。このグループワークは「被害者の命を奪う、またその身体に重大な被害をもたらす犯罪をし、被害者に対する謝罪や賠償等について考えさせる必要のある者」おおむね 5 名程度で構成され、10 回にわたって行われるグループワークである。筆者はこの第 6 回目のセッションにゲストスピーカーとして参加し、さらにインタビューを許可してもらった（ここではプライバシーを守るために必要最小限の記載にとどめる）。受刑者 4 名のセッションであったが、彼らが罪悪感を深めない原因として、自らの被害体験が災いしていることを痛感した。ここで記述する事例は、村尾（2008b）で公開したものをプライバシー保護の観点からさらに修正している。すべて固有名詞を A、B などの匿名表現とし、個人情報は最小限の記述にとどめ、なおかつ、本質が変わらない程度に一部を変えるなどの加工を施してある。

　　成人 A・傷害事件（30 歳代）
　　　ホームレス状態で生活していたところ、同じくホームレス状態にあった成人を刃物で刺した。A は自分が刺さなければ、逆に相手の仲間から刺されたに違いないと訴え、今までに暴力の被害体験を繰り返してきたことを述べた。
　　成人 B・傷害事件（40 歳代）

子どもの担任教師を刃物で刺した。Bは、今までに被害者から
　　屈辱的な言動を受けてきたことを強調しており、あたかも自分の
　　方が被害者であるかのような口ぶりであった。
　成人C・傷害事件（50歳代）
　　妻を刃物で負傷させた罪で服役している。彼もまた、妻と諍い
　　を続けてきたこと、自分も悪いが妻も問題だと述べ、妻から屈辱
　　的言葉を浴びせられたと訴えた。

　三者に共通しているのは、被害体験を強調している点である。彼らは、
「被害者はかわいそうだが、自分はもっとひどい目に遭ってきた（被害者よ
りも自分の被害体験の方が大きい。被害者の苦しみはわからないでもないが、自分
の苦しみはそれ以上だ）」との主張である。筆者の家裁調査官時代に体験し
た少年事件実務を含めて考えてみても、犯罪性の深いもの、累犯性の強い
ものほど、自分の被害体験を強調する傾向があることが示唆される。

加害者自身の被害者意識と被害者理解の乖離
　非行を繰り返す少年たちや成人たちは、生い立ちの中で親から不適切な
養育態度で対応されてきたり、他者から屈辱的な対応を受けてきたものが
少なくない。しかし、その被害者体験が上記のように、更生の妨げとなっ
ていることがわかる。これはすでに述べた「加害者でありながら被害者意
識が強い」という非行少年の特殊性とも共通している。つまり、「自分は
もっとひどい目に遭ってきた」という思いが罪悪感の深まりを妨げている
のである。

認識変換の必要性と可能性
　彼らの主張は次のように集約される。
　「被害者はかわいそうだろうが、自分はもっとひどい目に遭ってきた。
だから、被害者の苦しみより自分の苦しみの方が問題だ」。これは、さら
に本音を表現すると、「被害者はかわいそうだろうが、自分はもっとひど
い目に遭ってきた。だから、被害者の苦しみなどどうでもいい」という内

容になる。

　このような認識では被害者の視点に立つことはできない。

　しかし、次のような可能性も考えられないだろうか。

　被害体験を有するが故に、いっそう被害者の苦しみを深く理解できるという可能性である。この立場に立てば、認識は次のように変容する。

　「自分は今までひどい目に遭ってきた。だから、被害者の苦しみは人一倍よくわかる」。

　非行少年の更生のためには、このように被害者に対する認識・考え方を変化させる必要があることが理解される。つまり、「自分はひどい目に遭ってきた。だから、被害者のことなんかどうでもいい」（認識A）から「自分はひどい目に遭ってきた。だから、いっそう被害者の苦しみは人一倍よくわかる」という認識（認識B）への変換である。図8-1を参照されたい。

認識A「被害者はかわいそうだろうが、自分はもっとひどい目に
　　　遭ってきた。だから、被害者の苦しみなどどうでもいい」

↓

認識B「自分は今までひどい目に遭ってきた。だから、被害者の苦
　　　しみは人一倍よくわかる」

図8-1　認識の変換

　この認識の変換は決して容易ではないだろう。しかし、本当の意味で非行少年が更生するためには、この認識の変換が必要不可欠である。

　この変換を可能にするためには、非行少年の被害者性への手当てが重要になることはいうまでもない。A少年院の職員が、「少年自身の被害体験にじっくりと耳を傾け、そこを理解し、受け入れることを行って、初めて被害者の心情に共感できるようになるのである」と指摘したまさに、その点である。

　今までに非行や犯罪を繰り返してきた少年、成人たちは、こころの中に大きな被害者性と被害者意識を抱えている。その被害者性を有するが故に、

被害者に対する理解が進まないという、大きなパラドックスを抱えている。これは言葉を換えれば、「自分の被害者意識と被害者理解の乖離（自分〔加害者〕と被害者の被害理解の解離）」と表現することもできる。このパラドックスの解消こそが、非行臨床の大きな目的といえよう。筆者は被害者の視点を取り入れた教育の本質とは、この変換を行うことだと指摘したい。これは筆者が強調してきている被害者意識のパラドックスと矛盾しないものである。

▋ 3 修復的司法

(1) 修復的司法とは

　少年犯罪や外国人による犯罪、その他、凶悪な事件の報道が後を絶たない。その一方で、地域社会の人間のつながりが希薄化している。このような中で、もっと地域の力を見直していこうとする動きが起きている。地域で犯罪をとらえ直し、加害者と被害者の対話や交流を促していこうとする考え方である。これは世界的な動きとなり、大きな流れとなってきている。

　修復的司法（Restorative Justice：修復的正義、回復的司法とも訳される）とは、犯罪を被害者と加害者、その家族を含む地域社会の問題としてとらえ、地域社会の回復力で自ら修復していこうとするものである。もともと犯罪は、地域社会の問題であった。それが近代に至り、社会の秩序維持が国家の役割となってから、犯罪は国家に対する犯罪となり、前述のように、刑事事件では、被害者は当事者として参加する機会もなく疎外感を持たざるを得ない存在になった。

　　　修復的司法は、もう一度犯罪を被害者と加害者と地域の人間的な関係の中でとらえ直し、当事者参加的対話の手法によって、被害回復と加害者の更生、地域の安全を図ろうとするものなのである。(中略) 修復的司法の具体的手法の中で、最も世界的に普及しているのは、「被害者加害者調停（victim offender mediation、略してVOM）」で、25年以上の歴史を持ち、アメリカ合衆国で300以上、ヨー

ロッパで900以上のプログラムがあるといわれている。(山田,
2002)

(2) 修復的司法の実際

　少年事件に効果的といわれるのが「ファミリー・グループ・カンファレンス family group conference、略してFGC」で、特に盛んなのはニュージーランド (1989年に法制化) とオーストラリアである。アジアでは、シンガポールでも法制化されている。

　これは少年事件のうち、凶悪事件を除く犯罪に対して開かれる被害者と加害者の直接対話によるカンファレンス (会議) である。ファシリテーターが入り、加害者およびその保護者もしくは関係者、被害者とその保護者もしくは関係者と地域の人々がともに少年が犯した犯罪について話し合う。この話し合いによって、加害者は被害者の心身のダメージについて理解を深め、一方、被害者はなぜ加害者が犯行に及んだのかのプロセスを理解し、加害者・被害者ともに、相互の立場についての理解が深まる。その結果、加害者は、被害者へ謝罪し、犯行への謝罪も含めて、地域社会でのボランティア等をすることにより罪を償うのである[2]。

　このように修復的司法にはさまざまな形態が考えられるが、共通することは次の点だと考えられる。

　　　①加害者と被害者 (遺族) の直接的会合　②被害者の癒し　③被
　　害者の被害からの回復と被害者・加害者関係性の修復　④加害者の
　　被害者への謝罪　⑤加害者の再犯防止

　しかし、この修復的司法にはさまざまな可能性や問題が指摘されている。
　例えば、少年事件には有効との指摘がある一方で、凶悪事件や暴力事件には不適当であるという指摘がある。

(3) 日本における修復的司法の現状

　日本では、まだまだ修復的司法はその緒についたところというのが実情

である。多くの研究者によって世界各国の修復的司法や日本に導入する場合の課題に関する論文が書かれ、学会でも取り上げられているものの、具体的な制度や実践となると、各地で実験的試みがなされている程度の初歩の段階にあるといわざるを得ない。そのような状況の中での実践例としては、2001年6月に千葉県で立ち上げられた「被害者加害者対話の会運営センター」（NGO）がその試みを行っている（山田，2002）。

(4) 修復的司法の実際

　「被害者加害者対話の会運営センター」が行う「対話の会」のプログラム（山田，2002）の一部を紹介したい。

1) 対話の準備

　センター内で担当する進行役（通常2名）を決め、この進行役が被害者・加害少年・家族等と面談し、対話の目的・意義などを十分に説明し、被害者の被害状況・加害少年が非行を犯すに至った経緯などを聞くとともに、両当事者に参加の意思があるか、相手の人格を尊重しつつ対話できる状態にあるかなどを確認する。

2) 対話の参加者

　両当事者の希望により、家族やそれ以外の支援者、地域の人（教師、保護司、友人、近所の人等）が参加できる。

3) 対話の進め方

　非公開、秘密保持を基本とし、次の四段階で進める。

　　第一段階
　　　各参加者が事件での自分の体験、事件によって受けた影響を話す
　　　時間。
　　第二段階
　　　質問と答えの時間。被害者は「どうして自分が襲われたのか」

「警察に通報したことで、自分を逆恨みしてやしないか」などの
疑問や不安を加害少年に直接尋ねることができる。
第三段階
被害の回復や少年の更生のために何ができるか話し合う時間。
第四段階
話し合いが合意に達した場合、進行役はその内容を文書にまとめ、
これを読み上げて参加者に確認し、各参加者の署名をもらってコ
ピーを渡す。

4）対話の後で

合意文書の約束事が守られたかどうか確認し、必要に応じてフォロー
アップのための対話の会を開く。

このセンターの行う「対話の会」のモデルは、アメリカのミネソタ大学
にある「修復的司法調停センター」が提唱し、進行役の養成講座等を開い
て普及に努めている「VOM」や「FGC」にあるという。

同センターの山田由紀子弁護士は、加害者と被害者、お互いが人間的な
接点を全く持たないままにマスコミ報道や刑事・民事の手続きが進行して
いくことの弊害を指摘し、「マスコミを通じて見た相手のわずかな言動や
民事裁判で相手の代理人弁護士が書いた法律上の主張を見て、『自分に都
合のよいことばかりを書いている』『反省の気持ちが感じられない』など
と不信感をつのらせたり疑心暗鬼になったりする」と述べる。そして、
「（その結果）、その溝や距離は何倍にもなってしまう。進行役として、別々
に双方に会ってみると、どちらの当事者も家族も普通以上に常識的で人間
的な人々であることを実感する」と、直接対話の意義の大きさを強調して
いる（山田，2002）。

高度に機械化され、情報化された社会だからこそ、修復的司法が主張す
る地域の修復力や直接対話の意義を改めて考え直していく必要があるので
はないだろうか。

4 おわりに——被害者支援と地域の解決力

現代の非行臨床にある意味できわめて大きな影響を与えたものは何かと問われれば、筆者は被害者支援の観点であると答えたい。非行臨床に携わるものは、もっぱら加害者の問題に関心を向けるばかりで、被害者の心情理解や被害者のケア、被害者支援という観点は長い間放擲してきた。被害者の理解はあくまで加害者を理解する上での補助的なものにすぎなかった。しかし、現在、被害者の問題が急激に注目されるようになった。トラウマ、PTSDといった言葉が一般にも浸透するようになった。一昔前を思うと隔世の感がある。

また、この被害者支援の意識の高まりに呼応して修復的司法が注目されるようになった。被害者支援にせよ修復的司法にせよ、これらへの注目は日本だけの問題ではない。世界的な大きな流れを形成してきているのである。

ただ、このような被害者への着目の中で懸念される動きも散見される。それは加害者への厳罰化の動きである。被害者は事件によって計り知れないダメージを受ける。それは身体のダメージであり、こころのダメージであり、経済的なダメージである。そのような被害者のダメージに直面すると、加害者を許せなくなる。その心情はよく理解できる。しかし、それがもっぱら加害者への厳罰化へと短絡的につながっていくのはいかがなものか。

修復的司法の動きにも不安材料がある。近年、ますます修復的司法の手法を検討するようになってきている。それはたいへん結構なことである。しかし、これについても、ともすると修復的司法の方向性を誤る危惧も感じられる。すなわち、加害者と被害者の接点を作っていくことに終始してしまう恐れがあるからである。修復的司法において、加害者と被害者の直接的な対話を促していくことは重要な要素である。しかし、それだけではない。そこには地域の解決力というものが同様に重要なものとして存在すべきなのである。また、加害者と被害者が地域の中で共存することを促すということも重要な要素である。地域の関わりを抜きにして、加害者と被

害者の直接対話を促していくだけでは、本来の修復的司法とはいえない。
我々は、この点の認識も十分持つべきであろう。

　被害者と加害者の関わりの中から、非行少年や犯罪者の更生を考えてい
く手法は、本稿で取り上げたように、各方面でかなり実施されてきている。
これは被害者意識と加害者意識の扱いということでもある。
　大原（2022）はこれを次のようにまとめている。「被害者意識と加害者
意識の扱い方には大きく分けて二つの手法が考えられる。一つは非行少年
の個人内の被害者意識と加害者意識に焦点を当てる手法である。具体的に
は、加害者意識に対して行動レベルに焦点を当てた面接、被害者意識に対
してこころの傷を癒す面接によって対応すること（村尾，2012）。人との絆
を取り戻し、犯罪行動を変化させ、個人内の被害者と加害者をつなげるた
めの働きかけ（藤岡，2001）、刑務所内の治療共同体で被害体験をグルー
プで扱う手法（毛利ら，2014）などがある。もう一つは、被害者と加害者の
関係に焦点を当て、被害者と加害者が実際に対話をすることによって、被
害者の回復と加害者の更生を目指す手法である。具体的には、修復的司法
の一形態である被害者と加害者の直接対話（山田，2015）、少年司法におけ
る家族グループ会議（伊藤，2004）などがある」と述べ、さらに「こうし
た二つの手法を組み合わせることができれば、被害者意識と加害者意識に
効果的に対応できる可能性がある。なぜなら、個人内の被害者意識と加害
者意識の整理が進むことで、現実の被害者−加害者の対話が可能になり、
この対話によって個人内の整理がさらに促され、被害者意識から脱却し加
害者意識を抱え、現実の被害者−加害者の関係の修復がなされていくと仮
定できるからである」としている。
　このような観点に立ち、大原（2022）は、個人面接と家族合同面接をつ
ないでいく方法論を検討している。

注
1）ただし、全国の民間被害者支援団体が、これらの支援活動をすべて行っているとは
　限らない。電話相談から出発し、その上で活動の幅を広げてきた団体が多いと考えら

れる。

2) FGCは大別して2種類あり、一つは非行問題についてのFGCであり、もう一つは児童虐待のFGCである。日本の修復的司法で取り上げられるのは前者が多いが、虐待のFGCも効果を上げている。

被害者意識と
ストーカー殺人および無差別殺人
過去の犯罪事例の考察

この章では、ストーカー犯罪と被害者意識、無差別殺人と被害者意識について考察することを目的としたい。ここで用いた事例については、筆者は個人的に面接等は行っていない。すべて公表された資料をもとに論考した[1]。

1 ストーカー殺人

ストーカー行為を繰り返す者の第一の特徴は、自分こそが被害者だと思っていることである。相手（つまりストーカーの被害者）が、自分を苦しめる加害者であり、自分こそが本当の被害者だと確信しているのである。精神科医の福井はストーカーに共通するものとして、「揺るぎなき被害者感情」を挙げている（福井, 2014）。また、小早川（2014）も、この被害者意識を強調する。

ここでは、実際にあったストーカー殺人事件、2例を素材に、ストーカーを続ける犯行動機を検討してみたい。

桶川ストーカー殺人事件
1999年10月26日に当時女子大学生であったA子が埼玉県桶川市のJR東日本高崎線桶川駅前で殺害された事件である。ストーカー行為の中心人物、Kは2000年1月27日に北海道の屈斜路湖において水死体となって発見され、警察により自殺と断定された。（鳥越ら, 2000；鳥越ら, 2002；清水, 2004）

逗子ストーカー殺人事件
2012年11月6日、神奈川県逗子市のアパートでフリーデザイナーのB子（当時33歳）が刺殺され、加害者である元交際相手、H（当時40歳）が同じアパートの2階の出窓に紐をかけ、首吊り自殺した事件である。（小早川, 2014；福井, 2014）

この二つの事例に共通するのは、いずれも加害者が自殺するという結末に至っていることである。これは加害者2人がともに精神的に大きな不安

定さを抱えていたことが理解される。さらに交際当初は加害者被害者ともに円満に交際がスタートしたところも共通している。

　ところが、途中から、被害者が交際を拒否するようになると、加害者は、怒りと嫌がらせをエスカレートさせ、最終的には刺殺に至っている。これらのケースに共通するのは加害者（ストーカー）のプライドの高さと激しい怒りである。

　桶川ストーカー殺人事件を詳しく見てみよう。筆者は次の記述に注目する。「6月14日午後8時頃、Kとその兄、さらにもう一人を加えた3人が被害者宅を訪れ、居宅中の被害者と母親に対し『Kが会社の金を500万円横領した。お宅の娘に物を買って貢いだ。精神的におかしくされた。娘も同罪だ。誠意を示せ』などと1時間以上にわたり迫り続けた」（鳥越ら，2002）。

　筆者はこの「精神的におかしくされた」という発言に注目してみたい。加害者が精神的な脆弱さを抱えているということがわかる。ここにはプライドをつぶされたことに対する異常なまでの被害感の大きさが現れている。

　逗子事件にも同様な精神的な脆弱さとプライドの高さが認められる。

　小早川（2014）は、この逗子事件の被害者から実際に相談を受けており、その経緯を克明に綴っている。その中で、加害者が自殺未遂を繰り返していること、また送りつけられたメールの中には「精神的に（私を）殺したのはあなた。肉体も殺してください」「ストリートレイプされて連れ去られろ」といった強迫や中傷であふれていたという。筆者が注目するのは、この内容、特に「精神的に殺したのはあなた」という表現である。ここには、強い被害者意識と恨み、そしてプライドの高さが見て取れる。

　これらの共通点から、加害者たちが非常に強い被害者意識を有していることが指摘できる。そして、自分を捨てたその相手に強い恨みを募らせている。

　福井（2014）は「ストーカー行為の八割は警察の口頭注意・文章警告で収まる」、逆にいえば、「二割はストーカー行為をやめないということである」、そして、この二割の人たち（加害者）の特徴とは「『自分がつきまとうのは相手のせい』との被害感情を持ち、相手に拒絶されても『自分の良

さを理解できないだけ』、『自分の良さを理解できれば受け入れられるはず』などと、自己中心的に解釈する点にある」と指摘する。

このように小早川も福井もストーカーの特徴として、被害者意識が強いことを強調しているのである。さらにこれに付け加えると、プライドの高さ、すなわち自己愛の強さと内面の脆弱さが指摘できる。

傷つきやすさと不健全な自己愛

現代の多くの若者は対人関係に非常に敏感である。また、「キレる」若者も多い。このような対人関係での傷つきやすさの背景にはいったい何があるのだろうか。筆者は、それは不健全な自己愛だと考えている。そして、それがコフート（Kohut, H.）のいう自己愛的激怒（小西, 1991）と呼ばれる怒りと関係していると考えるのである。

自己愛にも健全な自己愛と不健全な自己愛があることを断っておかなければならない。実力もないのにプライドだけが高い。実は自信もないのに、人を人とも思わない横柄な態度をとる。自分中心の勝手な論理で行動する。他人を思いやるような共感性に欠けている。こういう自己愛は不健全な自己愛といえるだろう。現代はこういうナルシシストが増えているというのである。彼らは「独特の傷つきやすさ（バルネラビリティ）をもっている」（速水, 1993）。そのため、対人関係で簡単に傷ついてしまう。彼らは往々にして尊大な態度をとるが、それは弱々しい真の自分の上に肥大した偽りの自分が載っているからである。実際は、ちょっとした非難や批判にぐらぐらと揺れている。彼らが自分の意見を少しでもけなされるとひどく怒りを爆発させるのはこのためなのである。このような怒りの爆発は自己愛的激怒と呼ばれている。岡野（2017）は、自己愛と怒りとの関係について、次のように述べている。「多くの場合、怒りは自己愛の傷付きから二次的に生じる」。

ここで取り上げた2例のストーカーたちの怒りの爆発は、この自己愛的激怒と関係があるといえる。彼らは非常に高い自己愛的なプライドを有しているからである。

実際、この二つの事例は、加害者2人が自殺している点でも共通してい

る。前述したように、不健全な自己愛者は独特の傷つきやすさ（ヴァルネラビリティ）を持っている。不健全な自己愛者はこの傷つきを避けるために引きこもるか、怒りで対応する。現代、若者の引きこもりとストーカー等に代表される凶暴な言動という、いわば対照的な現象が問題になっているのは、その背景には不健全な自己愛が災いしていると考えられるのである。岡野（2017）は「自己愛の傷つきは、怒りとして表現されない場合には恥の体験となる」と述べている。

　ただし、ストーカーにもさまざまなタイプがあることを断っておかなければならない。福井（2014）は、ストーカー行為を1）執着型、2）一方型、3）求愛型、4）破壊型の四つのパターンに分類している。

　執着型は、元恋人や配偶者との関係が壊れた時にストーカー化するもので、最初は「何とかよりを戻したい」といった要求から始まるが、結果的に相手への復讐に傷害事件や殺人事件に発展することが多いという。本稿で取り上げた二つの事例もこの執着型と考えられる。このタイプは、自己愛性パーソナリティ障害がストーカー化の要因の因子になりやすいという。一方型は、自分の理想の人であるアイドルやタレントに一方的な恋愛感情を抱き、自分自身も相手から愛されたいという願望から、ストーカー行為に発展するもの。統合失調症やパラノイア（妄想性障害）などの精神病が因子になりやすいという。求愛型も、相手との相思相愛の関係を築きたいとの一方的な意図から生じるストーカー行為だが、執着型ほどの親密な関係にはないものの、全く赤の他人でもない関係にある人が対象とされる。発達障害傾向が因子になりやすいという。破壊型は、自己の性的欲求を満たすための対象に、ストーカー行為を行うもの。相手の立場や気持ちは一切関係がなく自分の感情や欲望を一方的に押しつける。反社会性パーソナリティ障害が因子になりやすいという。

　このようにストーカーも千差万別である。しかし、激しい嫌がらせや攻撃を行うストーカーは、被害者意識の強さを有することが共通している。この被害者意識をどのように扱うかということがストーカーの心理臨床の要になると筆者は考えるのである。

不幸の平等主義 (佐竹，1987)

　筆者は被害者支援の活動もしているので、しばしば刑務所を訪問する。「被害者の視点を取り入れた教育」の一環として、いわゆるゲストスピーカーとして、被害者の心情を理解してもらうために講和をしにいくのである。筆者は受刑者たちとのやり取りから次のことを理解した体験がある。

　受刑者に「人は不幸になった時、どんなことを考えるか」という問いかけをしてみたのである。一つは幸せになりたいと願うことである。不幸になった時、幸せになりたいと思うのは当然のことだろう。しかし、このように考える人は、実は、健康的な人であることがわかった。もう一つの選択肢が語られたのである。

　ある受刑者は勇気を持って次のように答えた。「周りの人間も自分と同じくらい不幸になればよい」という考えが頭をよぎったというのである。筆者は、これが被害体験が更生の邪魔をする理由だと直感的に理解したのである。

　人は自分が不幸になった時、周囲も自分と同じくらい不幸に陥ればよいと考えて世間を呪うのである。

　筆者はこのような心理の持ち方を「不幸の平等主義」と呼ぶことにしている。もともと、この概念は元家庭裁判所調査官の佐竹洋人が初めて用いたものである（佐竹，1987）。ただし、佐竹の用いた概念は筆者とは若干ニュアンスが異なっているので説明が必要である。

　佐竹は犯罪ではなく家事事件の紛争解決の場を想定し、当事者が互いに意地を張って紛争が解決しない状況に、この心理が働くとした。詳細に引用すると、「すなわち、紛争の当事者は、自分の不幸（より正確には、不幸感）に見合うだけの（理想的には、等量の）不幸を相手が負った——と、思い込むことができた——時のみ、ほこ（原文ママ）をおさめる気持ちになれるのである」と指摘し、意地紛争を理解し解決するための鍵概念として「不幸の平等主義」もしくは「被害感の平等主義」を主張したのである。筆者は、この佐竹の考え方を拡大解釈して、犯罪者の心理にも当てはめてみることにしたのである。

不幸の平等主義の臨床心理学的理解

　非行少年や犯罪者の被害者意識が次に結びつくのは不幸の平等主義である。つまり、「自分と同じくらい苦しい思いをさせてやる」という思いである。この平等主義の意味合いは2ケースのいずれもが自ら命を絶っていることから、自分の不幸を呪詛する強い怒りが理解される。「死にたいほど辛い」、しかし、自殺では終わりたくないという気持ち、一矢報いて死のうという強い怒りである。

　さて、このようなストーカーの不幸の呪詛とその連鎖は、臨床心理学的にはどのようにとらえることができるだろうか。また、その背景にはどのような要因が隠されているのであろうか。

　このことについて、筆者は「トラウマの再現性」（西澤，1999）と関連が深いと考えている。臨床心理学の世界では「トラウマの再現性（あるいは再演性）」ということがよく口にされる。トラウマとは簡単にいえば「こころの傷」という意味である。アメリカの精神科医ヴァン・デア・コーク（van der Kolk，1996）は、トラウマを受けた人は、トラウマとなった状況をその後何度も想起したり、その状況を繰り返し再現することを指摘した。これはトラウマの再現性・再演性と呼ばれている。トラウマを受けた人が今度は、そのトラウマの原因となった行為をさまざまな形で反復するのである。例えば、虐待を受けた子どもが、やがて虐待をする親になるというのもトラウマの再現性・再演性に当たるし、父親から暴力的な虐待を受けた女性が、同じような暴力的な男と結婚したり、いつも暴力的な男性と不幸な結婚（同棲）を繰り返すのもこれに当たる。暴力・トラウマの悪循環である。これは不幸の連鎖・悪循環であるともいえる。その点で「不幸の平等主義」と近似しているといえそうである。

　筆者は、不幸の平等主義も大局的に見れば、トラウマの再現性・再演性に包含できるものではないかと考えている。つまり、自分の「不幸」（トラウマ）を再現するという意味でのトラウマの再現性・再演性である。

▎2 無差別殺傷事件

　今度は無差別殺傷事件に目を向けたい。二つの事件を概観してみよう。秋葉原無差別殺傷事件と大教大附属池田小事件である。

秋葉原無差別殺傷事件——インターネットの住人への当てつけ殺人

　この事件は、2008年6月8日に東京の秋葉原で発生した通り魔殺傷事件である。7人が死亡し、10人が負傷（重軽傷）した。元自動車工場派遣社員である加藤智大（当時25歳）の運転する2トントラックが青信号を横断中の歩行者5人をはね、さらに、交差点を過ぎて対向車線で信号待ちをしていたタクシーと接触して停車。トラックを運転していた加藤は車を降りた後、道路に倒れこむ被害者の救護にかけつけた通行人・警察官らを所持していた両刃のダガーナイフで立て続けに殺傷した（中島, 2013）。この事件は死刑が執行されている。

大教大附属池田小事件——ストーカー行為の果ての無差別殺人

　この事件は、2001年6月8日に大阪府池田市の大阪教育大学附属池田小学校で発生した無差別殺傷事件である。結果、児童8名が殺害され、児童13名・教諭2名が負傷した。この事件を起こした宅間守は、死刑判決を受け、死刑が執行されている。

　逮捕当初、宅間は精神障害者を装った言動をとっていた。しかし、二度にわたって行われた精神鑑定の結果、「責任能力を減免するような精神障害はない」とされ、死刑となったのである。（片田, 2009；岡江, 2013）

二つの事件の共通点——被害者意識の強さと自殺企図

　二つの事件には共通項が認められる。

　一つの共通項は自殺企図である。

　加藤も宅間も自殺企図がある。加藤は故郷に帰った時に自殺を試みている。また、ネットの中で死にたいということを繰り返し書いている（中島, 2013）。

　一方、宅間には、次のような指摘がある。

　宅間は、「逮捕された後、警察の取り調べに対して、『何回も自殺を図ったが、死にきれなかった。なにもかも嫌になった。捕まえて死刑にしてほしかった』（「週刊朝日」2001 年 6 月 22 日号）と供述しているように、自殺願望を抱いており、実際何度か自殺を図っている」（片田，2009）。

　この自殺企図の背景にあるのが被害者意識の強さである。これも二つのケースでは共通している。

　宅間には被害者意識の強さが指摘されている。例えば、「普通科の高校へ行けなかったのを中学の教師のせいにしたり、精神科病院の屋上から飛び降りて重傷を負ったのを母のせいにしたりして、『自らは被害的に物事を考え、都合の悪いことは他人のせいにし、かつ、過去の物事に対して後悔を繰り返しては憤まん（原文ママ）を募らせ、これを他人に転嫁する傾向を有していた』（検察官の冒頭陳述）」（片田，2009）という指摘、また、中学校で 1 年、3 年の担任教師は「被害者意識が強い、友人同士のトラブルが多い、弱いものいじめをする……何かあったらいつも自分が疑われる等よく言っていた……都合の悪いことは人のせいにする」と述べている（調書）。中学校の同級生は「急に切れたり、神経質で周囲が気になり、私が他の友達と話している時、宅間と視線が合うと『俺の悪口言うとったんちゃうか』と疑り深い性格」と述べている（調書による）（以上、岡江，2013）。

　「このように宅間には強い被害者意識が認められるし、加藤智大も同様である。加藤はインターネットの掲示板の中で自虐ネタを繰り返し、あまりの被害感の偏よりの大きさ、異様さに読み手は、当初は興味を示したが、やがて引いていく、すなわち興ざめを起こすくらいなのである」（中島，2013）。

　被害者意識の強さから自殺企図へとつながり、さらに無差別殺人へ展開するところがこの二つの事例の共通点である。自殺企図を有するものは多く存在するが、無差別殺害へと方向転換するものは稀である。ここに、これらの事件の大きな特徴がある。

　加藤は裁判で次のように主張している。

　「私はインターネットの掲示板を使っていたのですが、自分のスレッド

に私になりすますニセ者や、荒らし行為を行う者がいたので、対処してほしいと掲示板の管理人に頼みました。（こうした人たちに）自分が事件を起こしたことを知らせたかった。……私が事件を起こしたことで、私に対して嫌がらせをしたことを知って、事件に対して思い当たるふしがあると思ってほしかった。私が本当にやめてほしかったことが伝わると思っていました」（中島，2013）。

中島（2013）は、加藤智大は、携帯電話の「掲示板」の世界に自分の生きる居場所を求めており、その「掲示板」でのトラブルが本件に直接つながったと指摘する。つまり、加藤は現実世界の生活よりも、「掲示板」を通したインターネットの人間関係の方にリアリティを求めていたというのである（中島，2013）。

匿名で書き込みをする「ニセ者や（書き込みの）荒らし行為をする者」は特定できない。彼の本来の攻撃の矛先はこの匿名の人たちであった。匿名であるが故に攻撃できないために、無差別殺傷という形態をとったのではないかと理解される。

一方、宅間はストーカー行為との関連が指摘できる。

宅間についてはその結婚・離婚歴の多さが注目される。

片田（2009）、岡江（2013）によれば、宅間は4度も結婚と離婚を繰り返しており、その間、44歳年上の女性と養子縁組もしている（後に養子縁組は解消）。最後の結婚はいわゆる獄中結婚である（死刑判決確定後、死刑廃止運動家の女性と出会い、文通を経て獄中結婚をした）。

いずれの離婚も、また養子縁組解消でも慰謝料・清算金を取っており、金の無心や嫌がらせを繰り返している。特に、ひどかったのは3番目の結婚相手とのトラブルである。相手のD子は、4か月前に船上お見合いパーティで知り合った2歳年上のOLで、初婚だった。宅間は「関西学院大卒」と経歴を詐称していた。新婚旅行中から暴力を振るっていた。D子は妊娠したが、あまりの暴力に耐えかね、1997年12月に宅間の親族の同意を得て中絶手術を受けた。中絶のことを知った宅間は激高した。D子は弁護士を立てて離婚調停を申し立てたが、宅間は徹底抗戦し、やっと離婚が成立したのは翌1998年6月だった。しかもその際、宅間はD子の側から

「清算金」と称して多額の金銭をむしり取っている。D子との離婚からわずか4か月後の1998年10月、宅間は3歳年下の女性と4度目の結婚に至ったが、翌1999年3月、宅間が勤務先の小学校で「薬物混入事件」を起こし、その直後に離婚している。刑事事件を起こしたために、離婚ができたと考えられる。

この女性との離婚後、宅間は、調停離婚した三度目の元妻、D子に復縁を迫り続け、ストーカー行為はエスカレートしていった。連日D子の家に押しかけ、車やバイクの排気音で威嚇したり、「D子は不倫の子を妊娠したからおろしたんだ」などと中傷したりした。

離婚の2か月後の8月には、ついに宅間はD子を襲撃する事件を起こし（待ち伏せしていた宅間は、D子に直談判を迫り、D子が拒否したところ、D子の頭を壁に打ち付けて意識を失わせた）、宅間は傷害の容疑で逮捕された。まさにストーカー的な嫌がらせ行為を繰り返しているのである。その後、2000年1月には、D子に対して「離婚無効確認」の訴訟を起こし、2001年5月までに10回の法廷が開かれている。そして、その年の6月にこの無差別殺傷事件を起こしているのである。

筆者は、この事件をストーカー行為の末の無差別殺傷事件と理解しているが、それはこのためである。また、この行為が生じた小学校（大阪教育大学附属池田小学校）については、宅間の劣等感と被害者意識が見て取れる。

「小学校から中学校に進むとき、大阪教育大学附属池田中学校を受験することを目指し、池田小で模試を受けた。願書も自分一人で取りに行ったが、母に、『お前みたいに公立の小学校だけでしか勉強していない子では絶対に受からない』（鑑定書）と言われて、受験をあきらめた」（片田, 2009）という。

さらに、宅間は「だが、事件のちょっと前から『自分だけ死んであほらしい（原文ママ）』」と思い始める。さらに「『大量の殺人を起こせば、離婚した妻や（不仲の）父親を後悔させることができる』と考えるようになり、ねたましく思っていた附属池田小の児童を無差別に殺害することを決意した（検察官の冒頭陳述）」のである（片田, 2009）。

筆者は、宅間については、ストーカー行為の果ての無差別殺人と指摘し

た。ストーカー行為を繰り返すだけでは、彼の被害者意識は満たされなかったのであろう。宅間は幼少期から被害感を募らせてきたという経緯がある。特定の人物から被害を受けているという思いよりも社会全体から被害を受けているという思いに駆られたと考えた方が矛盾が少ない。「自分だけ死んであほらしい」と思い始めたという片田（2009）の記述は当を得ている。

　筆者が強調したいのは「不幸の平等主義」である。「人は自分と同じくらい不幸であるべきだ」という思いが支配している。彼らは「自分だけ死ぬのは犬死にだ。自分と同じくらいの不幸になるべきだ。一矢報いて死にたい」という思いが見て取れる。これが筆者の主張なのである。

不幸の平等主義の矛先

　加藤智大はネットの世界で自己存在のリアリティを得ていた。その世界での被害感は攻撃の矛先が見つからない。匿名性の世界であるだけに、怒りの拳のおろしどころがないのである。一矢報いる相手が抽象的、匿名的な他者であり、特定できない他者である。だから「不特定の他者への殺傷」に至ったのである。筆者はネット社会の恐ろしさを痛感する。バーチャル・リアリティの世界での怒りや恨みは、リアルの世界では抽象的他者に向けられる。それは強烈に怒りや呪いが投影されるということである。彼らは怒りを投影しやすい対象を求める。スケープゴートである。このプロセスは論理的なものではなく、無意識に行われるといってよいだろう。

　宅間の場合は、ストーカーの果ての無差別殺傷事件である。彼は学校時代にはさまざまな嫌がらせを繰り返し、その後はストーカーとしての攻撃を展開している。それでも満足できなかった彼は社会そのものを恨むしかなくなる。具体的・組織的な社会をイメージできない宅間はやはり自己の怒りと劣等感の矛先を外へ向ける。それは自分がかつて入学できなかった学校、勉強のできる子どもたちの通う学校、すなわち大教大附属小学校に向けたのである。彼の卑怯なところは、弱者である小学生を狙ったところである。ここで問題にしたいのは、彼はその混乱した頭の中で、巧みに弱者を選択し値踏みしていたことである。ここに彼の狡猾さがあり、根っか

らの卑怯さが見て取れる。彼は最後まで本当に強いものには攻撃できなかったのである。このような狡猾さは、宅間だけでなく加藤にも共通しているといってよいだろう。

注

1) この章で用いた事例の出典は、文献の中でも、研究者などの特殊な職業の人たちを対象として公表されたものではなく、一般的な読者を対象として発表・公開された文献（著書）である。

第 10 章

被害者意識の深層心理と日常生活

この章では、再び被害者意識の問題に戻ることにする。被害者意識の深層心理を探り、日常生活の中で、この被害者意識がどのような場面で影響を与えているのかを検討してみたい。

1　はじめに

　そもそも被害者意識という言葉が使われるようになったのは明治以降だという。精神科医で精神分析学者の土居健郎（1971）は、「被害者・被害者意識・被害妄想・被害的など、現在、我々がしばしば使う被害という言葉は、元来は加害者・被害者という一定の法律用語として、明治の初期につくられたものであろう」と述べ、「その証拠に明治以前の書物にこの語をのせたものは見あたらない。またこれは中国の成句でもないと聞いている」と記している。そして、この言葉は日本人の心性を表現するのに非常に適した言葉だという[1]。

　土居（1971）は日本人の心性の土台に「甘え」という依存欲求を置いた。甘えるという行為やその気持ちは日本人に特徴的であり、西洋に「甘え」に相当する言葉はないというのが、土居の主張である。土居の甘え理論に従うと、基本的に、日本人は「愛する」という能動的な行為よりも「愛されたい」という受け身的な願望が強いということになる。これが甘えの根本にある。確かに、欧米人は「愛する love」という言葉を大切にする。欧米人の愛は能動的な行為である。これに対して、日本人は「愛されたい」という受け身的な欲求が強い。しかし、欧米にこのような受け身的な愛の感情が全くないかといえばそうではない。例えば、バリント（Balint, M.）のいう「受け身的対象愛 passive object love」は日本人の甘えの感情に近似した言葉であると土居はいう（土居, 1971）。だから、（人類全体としての）人間の本性にはこのような願望がないわけではないが、とりわけ日本人にはその願望が強いと考えられ、日常生活の隅々にまでこの欲求に根ざす行為がちりばめられているというのである。

　土居自身も「甘え」論を日本の文化的価値観ではなく文化を超えた人間性に関する研究として位置づけている（杉尾, 2019）。それは例えば次の記

述に示されている。「因みに私の甘え研究は甘えを概念としてとらえることから出発した。であるから、最初から甘えそれ自体をある一般的なものとして措定している。この点、他の研究者が甘えを特殊な日本的現象としてとらえるのと根本的に立場を異にしている」（土居, 1999）。

　すなわち、「甘え」には、人間に普遍的な側面と日本人の国民性を語る側面の二通りの使い方をしていると考える方がよいといえる。

　従来、甘えと近似した概念として、ボウルビー（Bowlby, J.）のいう愛着（attachment）が挙げられている（例えば、熊倉, 1993）。愛着（アタッチメントと表記する）は人類普遍的な概念としてとらえられているが、近年、ロスバウム（Rothbaum, F.）らによって、アタッチメントと甘えを比較することで、アタッチメントにおける国民性の差異、とりわけ日本人のアタッチメントの特殊性が論じられている（杉尾, 2019）。

　ここで取り上げている「被害者意識」も日常的な生活の中でよく使われる言葉である。これは害を受けたという受け身的な感情である。このような受け身的なもののとらえ方自体が日本人を特徴づけるのだが、次の土居の指摘が興味深い。土居は「面白いことに、被害妄想と訳されたもとのドイツ語Beeinträchtigungswahnにも、文字の上では被害の意味が含まれていない。これを直訳すれば単に侵害妄想となるが、その真意は侵害されたということであるから、被害妄想という訳語の方がもとのドイツ語よりもはるかに正確ということになるのである」（土居, 1971）、さらに「被害的という形容詞は、被害妄想の傾きがあるということで、恐らく精神科医がはじめに使いだしたものと思われるが、今日では、『ある事柄を被害的に受けとる』などという風に、かなり広く使われている。このように被害の心理をあらわす便利で含みのあるいい方は日本語以外の他の言語にはあまり見られないのではないか」（土居, 1971）と述べているのである。

　筆者がこの「被害者意識」という言葉を犯罪分析のツールに使うのは、今まで述べてきたように、日本人の国民性に根ざす表現（日本語特有の表現）であり、つまり、日本人的な感情の一つであり、なおかつ、人間一般に共有できる概念であるからである。つまり、日本語では、加害と被害を両極として、並列的にものを考えることができる。それ故に、犯罪加害者

の心理と被害者の心理の双方を対比的に理解することができるのである。英語ではこうはいかない。

　加害者という意味の英語はオフェンダー offender、被害者はヴィクティム victim という言葉が一般的に使われている。ヴィクティムには犠牲者という含みがある。語源的には、ラテン語の victima（生け贄の動物）から来ている。カーメン（Karmen, 1996）によれば、被害者（victim）の原義は、「儀式の途中で生け贄として神に捧げられる人や動物」のことであったという。日本語と違って、オフェンダーとヴィクティムを両極として並列的にものを考えることは難しい。つまり、被害者意識に焦点を当てて、被害と加害を相対的に考えることができるのは、日本語ならではの利点というべきだというのが筆者の考え方なのである。

　では、欧米にはこの「被害者意識」に相当する感性あるいはものの考え方がないかというと、そうではない。欧米人は権利意識が強い。自分の権利を侵害されたかどうかについては、非常にデリケートな感性を持っている。被害妄想のところで、土居の言説を引用したが、まさに「侵害」についての感覚なのである。ただし、被害者意識と権利侵害の意識は重なる面もあるが、もちろんかなりのニュアンスの違いがあることは否定できないであろう。

　ここでは、日本における「被害者意識」は、甘えに関わる言葉として理解できるとしておこう。

　さて、「甘えの構造」が発表された当時は、暴力的な学生運動が盛んな時代であった。土居はこの学生運動に言及し、彼らは被害者の立場に身を置くと指摘した。すなわち暴力的な学生たちは加害者でありながら被害者に身を置いているのである。土居（1971）は「彼らは却って被害者と同一化してしまうのである。……かくして彼らは自らも被害者となって、被害者を見過ごす人たちを詛ったり、あるいはもっと積極的に加害者を攻撃したりする。……かくしてかかる被害者意識の持主は、被害的心理にも拘わらず、あるいはむしろそれ故に、他に危害を及ぼすことが平気になり、サディスチックな自己満足すら覚えるほどになる」と指摘している。筆者のいう被害者意識のパラドックス、すなわち「加害者でありながら被害者意

識が強い」というのは、まさにこれなのである。筆者の定義を用いれば、「被害者の立場に身を置こうとする心性が強い」ということになるし、土居の指摘でいえば、「被害者に同一化してしまっている人」ということになる。

2　被害者意識の深層心理

　被害者意識を土居の甘え理論（土居, 1971）から見ていこう。土居は「被害者意識を持つ人間は個人的に被害感を持つだけでなく、……被害者一般と同一化している」「彼らはまさに甘えられないから……被害者としての立場に甘えている」と述べている。

　被害者意識の強い人間はすねやすい、あるいは、ひがみやすい人間といえる。これについて、土居は「すねるのは素直に甘えられないからそうなる」「ひがむのは……自分の甘えの当てがはずれたことに起因している」と述べている。

　被害者意識の強い人たちは、対人関係において、素直に甘えられないことに根っこを持つといえそうである。

　では、そもそも甘えるとはいかなることなのか。精神分析では、出産前の母子一体の状況が子どもにとって至福の状態だと仮定する。そして、出産によって、母子が分離するが、そこから子どもにとって、あらゆる苦悩が始まると考えるのである。土居のいう「甘え」も、この母子の分離後の過程に生じる心理メカニズムということになる。

　土居は「甘えとは、乳児の精神がある程度発達して、母親が自分とは別の存在であることを知覚した後に、その母親を求めることを指していう言葉である。……その別の存在である母親が自分に欠くべからざるものであることを感じて母親に密着することを求めることが甘えである」と述べている（土居, 1971）。

　要するに、被害者意識の強い人は、日常の対人関係の中で、素直に甘えることができない人であり、その根源は、幼少期の親子関係において、素直に母親あるいは母親代わりの人に甘えることができなかった人だといえ

そうだ。彼らの、こころの中には、他者と素直に依存し合える人間関係を求めているにもかかわらず、それが成就できない現実に大きな苦悩を感じているといえよう。

　この点について、土居の考えに従えば、次のように理解できる。

　「すねる」「ひがむ」「ひねくれる」などは「恨み」と関連し、土居（例えば、土居, 1970；2001）はこのような「甘え」と「恨み」の同時存在を精神分析の概念である「アンビバレンス」の原型として位置づける。「したがっていったん甘えられないとなると、反転して恨みに変わり易い」（土居, 1997）ということになる。つまり、「恨むことで甘えているのである」（杉尾, 2019）ともいえる。

　片田（2018）は、被害者意識の強い人の根っこには（不健全な）「自己愛」があるというが、杉尾（2019）によれば、土居は、素直な「甘え」に由来する自己愛の経験を、独立した自己としての「自分がある」という経験として位置づける。これに対して、屈折した「甘え」としての一方的な自己愛的要求を通して愛されている自己は関係性に囚われた「ナルシシズム的自己」であるとし、この自己経験を「自分がない」という経験として位置づける。「自己を愛するというよりも自己に執着することであり、自己に執着する一方、他方では自己を嫌悪する自己分裂の状態なのである」（土居, 1975）。被害者意識の強い人たちは、このような（土居のいう）「自分がない」あるいは「不健全な自己愛が強い」「自己に執着する人」と考えられるのである。

　では、被害者意識の強い人には、どう対応すればよいのか。犯罪傾向のある人々については第1章、第2章等で述べてきたが、特に犯罪傾向のない人でありながら被害者意識の強い人に対しては、どのように対応するかについて、筆者なりの意見を述べておきたい。

　筆者は過去に遡ってその体験記憶を扱う臨床心理士でもあるが、現在の帰属集団、特に家族に焦点を当て、家族内で甘え合える（依存し合える）人間関係を作っていこうとする臨床心理士でもある。後者の場合、筆者は、臨床心理士として、家族内でのコミュニケーションのあり方を変容させて、家庭内では、そのような依存し合える関係を作ることを目指している。そ

して、社会においては、自分の言動を的確に自覚し、その責任をきちんと取り合えること、自立した存在になることを治療目標としているのである。

3　日常生活と被害者意識

　我々の多くは、加害者よりも被害者に身を置きたがる傾向がある。これは当然である。加害者は害を与えた側であるので、その行為の責任を追及される。一方、被害者は害を受けた方なので、責任を追及する側である。当然、責任が自分に及ぶよりも他者の責任を追及する方が心地よいのはいうまでもない。いじめ問題を取り上げても、親たちは一般的に我が子がいじめの加害者側になることよりも、被害者側になることを心配する。

　本稿では、ストーカーや無差別殺人等、特殊な人たちの事情を考えてきた。ここでは日常生活の中で、身近に起こる「被害者意識」について取り上げてみたい。

　まず簡単に振り返ってみると、ストーカーは加害者でありながら被害者意識が強い（第9章）。つまり、実際の被害者はもちろん被害者意識を持つが、加害者側も被害者意識を持っている。つまり、加害者、被害者両方ともに被害者意識を有することになる。

　これを広げて考えると、加害者意識を持つ者より、被害者意識を持つ者の方が多くなるとはいえまいか。結論的にいうと、この世の中、被害者意識を持つものが非常に多いということなのである。

　例を挙げてみることにする。

　映画館で前の席に座る客の帽子が邪魔になってスクリーンがよく見えないという状況を考えてみよう。

　後部座席の人間はスクリーンがよく見えないのでイライラする。被害者的な立場である。そこで、その人物が、前の人に、少し頭を下げてほしいと言ったとする。もちろん人にもよるが、注意された方が気分を害したとする。トラブルにならなかったとしても、その人物もまた、被害者意識を持つことになる。

　このように双方ともに被害者意識を味わうことになる。

さらにこんな例はどうだろうか。

スピード違反で捕まった人がいる。本人に言わせると大してスピードが出ていたわけではないという。この人は、警察官に「こんなスピードでも速度超過で捕まえるのか」と文句を言い、さらに「今日は全くついてない」と言ったとしよう（もちろんこの行為の是非を問うているわけではない）。

この人物は交通違反という罪を犯したにもかかわらず、捕まったという被害者意識の方が大きいことがわかる。また、警察官の対応ぶりを非難し、毒づいたとすれば、この警察官もまた被害者意識を持つに違いない。

このように被害者意識というのは、冷静に考えれば、被害者的な立場にないにもかかわらず、被害者意識を持つ場合が数多くあることがわかる。また、被害者意識は感染し、連鎖していくことが示唆される。

4　加害と被害の逆転現象

虐待をした親と虐待を受けた子どもの関係を見ていくと、興味深いことが見えてくる。第1章で述べたように、虐待を受けた子どもは非行に走っていく例が少なくない。筆者はかつて家庭裁判所で家裁調査官の仕事をしていたことがあるが、家庭裁判所で非行の事例を扱うと、その親の態度に驚かされることがある。

通常、非行の調査では、非行を犯した本人だけでなく、親も一緒に呼び出すことになる。親にもよるが、しぶしぶ家庭裁判所にやって来る親もいる。そんな場合、親に話を聞いてみると、自分はこの子の非行で、どれだけ嫌な思いをしてきたか、自分はこの子の被害者だと言わんばかりの態度をとる者もいる。その気持ちもわからないでもない。ところが、親子双方から話をじっくり聞いていくと、実は、この親は、かつてこの子を虐待していたことが判明する場合もある。つまり、昔は虐待の加害者であった親が、今度は、子どもの非行の被害者の顔をして家庭裁判所に現れるのである。このように、子ども虐待と非行の親子関係において、加害と被害が逆転してしまうことを元家裁調査官で臨床心理学者の橋本（2004）は「加害と被害の逆転現象」と呼んだ。決して稀なことではない。

　加害と被害は密接に関連している。これは本論文の一貫したテーマである。

5　被害者でありながら加害者意識が強いというパラドックスはあるか

　では、被害者でありながら加害者意識が強いというパラドックスは存在するだろうか。

　それに近いものは存在する。生存者の罪悪感＝サバイバーズ・ギルト（金，2001）と呼ばれるものがそれである。周囲の多くの人が死亡し、少数者だけが生き残った場合、生存者は、生き残ったことに罪悪感を覚えるというものである。2005 年 4 月に起きた JR 福知山線脱線事故の際、周囲の人たちが亡くなり、その中で生き残った人たちは、口をそろえたように、「自分が生き残ったために、周囲の人は死んだのではないか」など、完全な被害者でありながら、生き残ったことに罪悪感を表明していたことを思い出す。これらから考えると、罪悪感（あるいは加害者意識）と被害者意識は相補性を有するのではないか、ユング心理学的に考えれば、罪悪感と被害者意識は相互に「光と影」の関係にあるのではないかと考えられるのである。

6　被害者意識が蔓延する社会──空気を読む社会

　現代社会は被害者意識が蔓延している。ストレス社会とよく言われるが、これは言葉を換えれば、被害者意識を持つ者が圧倒的に多い社会であるともいえそうだ。この流れに拍車を掛けているのが空気を読む風潮である。

　我々は自分が置かれた状況を考慮し、周囲からどのような言動を求められているかを斟酌して行動する。これを卑近な言葉では「空気を読む」と表現する。よく「お前、空気を読めよ」「お前は空気が読めないのか」と注意されることがある。こうして社会人として鍛えられていく面もあるが、生得的に空気を読むのが苦手な人もいる。そういう人たちは注意されても

どう振る舞ってよいかわからない。ただ、バッシングを受けるだけになってしまう。

　このバッシングの状況を考えてみると、大勢の人が空気を読めない個人を非難するという構図になる。実際に叱責された人は被害者意識を持つが、叱責している大勢の人も、「この空気を読めない人のために自分はたいへんに被害を受けている」という被害者意識を持っていることになる。ここが重要である。いわば被害者だらけの集団・社会になってしまうのである。これはストレス社会を助長するし、また、ストレス社会がこのバッシングを加速させる。

　このような風潮が被害者意識を拡大していく。そして、被害者意識が蔓延した社会を作っていくのである。このことは、今日、怒りのコントロールすなわちアンガーマネージメント（田辺, 2016）が話題になることと関連がありそうである。

7　無責任社会の構図

　個人をバッシングするのは、いじめにおいても認められることである。いじめを克明に見ていく中で、バッシングの構造が何をもたらすかが見えてくる。

　いじめを直接的な暴力を用いる身体的いじめと言葉を用いる心理的いじめに分けて考えると、言葉によるいじめの方が複雑な問題を内包している。

　実際にあった例だが、ある女子（小学生）が登校すると、数人の男子が「ばい菌、ばい菌」とはやし立て、この女子の触れたところを指さして「触るとうつる」とからかうのである。

　この女子は「学校に行くのが死ぬほど辛い」と訴えた。一方、男子の方は教師から注意されると、「軽いジョーク、ジョーク」と返答した。問題を複雑化したのは、教師が「深刻ではない」と受け止めて、この女子の苦しみを軽いものととらえたことである。この女子は「死にたい」と母親に訴えるようになった（村尾, 2020d）[2]。

　さて、いじめは、いじめている「いじめっ子」（直接の加害者）といじめ

られている被害者との間だけで起こっていると考えるのは不適切である。

　いじめは四層構造で行われるとよく指摘される（例えば、森田ら，1986）。この四層とは、まずいじめっ子、そして、いじめの被害者。しかし、それだけではない。その周りに、観衆（いじめを見てはやし立てている子ども）、さらに傍観者（いじめを見て見ぬふりをきめこんでいる子ども）という層である。観衆や傍観者が多いほどいじめが活気づくとも言われている。

　いじめられている子は「死にたい」と思い詰めるくらいに追い込まれているが、いじめている子は、「軽い冗談だ」という程度のとらえ方である。観衆と言われる子どもは、いじめているという自覚はない。傍観者にいたっては、自分たちはいじめとは無関係だという思いが強い。ところが、いじめられている被害者はどうかというと、いじめっ子と観衆は区別がつかない。傍観者についても、先生を呼びに行ってくれるわけでもないし、助けてくれるわけでもない。すると、この子にしてみれば、学級全体からいじめられているという絶望的な気持ちに追い込まれてしまう。これは被害者が責められる問題であろうか。つまり、いじめではないと考えられるのか。そうではない。まさにいじめである。しかし、こういう状況を学校側が調査すると、しばしば「うちの学校にはいじめはない」という結論になってしまうのである。実際に死を考えるほど追い込まれているにもかかわらず、周りの子どもたちは、誰もいじめている自覚がないという無責任な恐ろしい状況が起こっているのだ。まるで「いじめの幽霊現象」とでも呼ぶべき問題である。

　片田（2018）は、「被害者ならば何をしても許される」と思い込んで被害者のふりをする人が、今社会に蔓延しているという。また、必ずしも自分が被害を受けたわけでもないのに、あたかも被害者であるかのように装い、周りの人を味方につけて誰かを攻撃するのだという。

　被害者意識ばかりが蔓延する社会においては、これにある意味で似たような社会構造が現出する。人を攻撃しておきながら、自分たちこそが被害者だと合理化してやまない無責任社会である。被害者という自覚なので、自分の攻撃行動の責任はとろうとしない。モンスター・ペアレント、モンスター・ペイシェント、SNSを用いた他者への誹謗中傷。これらが問題と

なる現代日本社会の背景には、被害者意識をめぐる問題が大きく介在していると考えてもよいのではないだろうか。

注

1）村松（1978; 1982）は、被害者意識と土居の「甘え」についても述べている。筆者は、これらの論考に多大な影響を受けたことを申し添えておく。これらの論文については本書14、18ページも参照されたい。
2）この事例は村尾（2020d）において公表したものだが、プライバシー保護の観点から、個人情報は最小限の記述にとどめ、なおかつ、本質が変わらない程度に一部を変えるなどの加工を施してある。

第 11 章

総合的考察

1 本研究で得られた成果と臨床的示唆

本研究は実質的には、(1)「被害者意識の視点からの非行・犯罪理解」と、その検討を深めるための (2)「(非行・犯罪の理解と対応のための) 技法論」の二つの内容で構成されている。この二つの内容に沿って研究結果を考察したい。

(1) 被害者意識の視点からの非行・犯罪理解

筆者が非行臨床について、一貫してとり続けた姿勢は「犯罪を繰り返す少年は、加害者でありながら被害者意識が強い」という視点であった。これを筆者は「被害者意識のパラドックス」と名付けた (第1章)。これは、加害者は加害者として、あるいは、被害者は被害者として、別個のものとしてとらえるのではなく、両者を相互に関わりのあるものとしてとらえるべきであるという視点でもある。

これについては、第1章「被害者意識のパラドックス——非行少年理解の実際」で問題提起し、第7章「児童虐待死事例の心理学的家族分析——トラウマの再現性・再演性と被害者意識」、第8章「被害者と加害者の関わり」、第9章「被害者意識とストーカー殺人および無差別殺人——過去の犯罪事例の考察」、第10章「被害者意識の深層心理と日常生活」へと、非行少年から特殊な犯罪領域や成人の犯罪領域へ、そして、日常生活の中での被害者意識へと論考を展開していった。

この論考については、さらに次の三つの視点に即して整理し、考察してみたい。すなわち、a) 被害者意識の及ぼす効果、b) 被害者意識発生のメカニズム、c) 被害者意識の支援・治療の三つである。

a) 被害者意識の及ぼす効果

被害者意識に着目して非行犯罪を検討する考え方 (方法論) は、もともとは、家庭裁判所調査官時代の少年非行実務を通して、筆者が練り上げてきた考え方であった。被害者意識の観点を導入した非行少年への支援の実践は第1章で例証できたが、さらに、自閉症スペクトラム障害の疑いと診

断された少年の非行（第4章）、また、ストーカー殺人事件や無差別殺人事件といった成人の刑事事件の理解にも有効であることが示された（第9章）。つまり、「被害者意識」の視点を取り入れることによって、少年非行のみならず成人の犯罪の理解にも有効であることを確認できたのである。しかも、それに「不幸の平等主義（言い換えれば、被害感の平等主義）」（佐竹, 1987）の観点を導入することで、いっそう精緻に犯罪の動機・心理を考察できることが明確になった（第9章）。

　これらは、被害者と加害者を別個に分けて考えるのではなく、被害者性と加害者性を相互に関連するものとして考えることが必要であり、そのことが非行者・犯罪者を理解する上で有効であることが示唆されたといえる（第8章）。また、この視点は、非行・犯罪行動のメカニズム、とりわけその動機を理解する上でも有効であることが明らかになった。

　本研究は、研究当初は、被害者意識が非行・犯罪の領域で大きな影響を与えているという問題提起を試みたものであったが、被害者意識はその領域のみならず、我々の日常生活にも大きな影響を与えていることも確認することができた（第10章）。ここから、現代人は被害者意識を持ちやすい傾向があるのではないかという疑問・問題提起についての示唆が得られた。また、このことは、現代では一般に、加害者意識（あるいは自分の行為の責任感）を自覚するよりも、被害者意識を感じやすい傾向にあることが窺われ、この傾向がさらに発展すると、自分を常に被害者の立場に置こうとする無責任社会につながるのではないかという問題提起につながった（第10章）。

b）被害者意識発生のメカニズム

　本研究では、被害者意識の発生メカニズムとして、トラウマとの関連性に言及した（第1章）。非行少年や犯罪者の多くが、被虐待体験や逆境体験を経験している。この筆者の被害者意識に着目する考え方は、今日、児童福祉・子ども家庭福祉の領域に取り入れられている「トラウマインフォームドケア」（野坂, 2019）と視点を共有するものであり、この観点から考えると、トラウマの存在（継続的なトラウマ体験・複雑性PTSD）の影響を考慮

した対応が必要であり、再トラウマ化（野坂, 2019）防止の観点が最優先されるということになる。また、第7章では、文字通り、トラウマの再現性・再演性の問題を取り上げた。この事例に関しては、児童養護施設で生活する児童の場合は、生活指導の中で積極的にトラウマ体験に対応する必要があるのではないかとの問題提起を行った。この考え方（方法論）については、「被害者意識の支援・治療」でさらに深く考察する。

　一方、被害者意識を感じるのは犯罪関係者だけでなく、一般の人々にも当然生じる心理機制である。第10章では、人間の根源的な心理の一つとしての被害者意識について、土居（1971）の甘え理論を土台に考察を深めた。

　土居（1971）は日本人の心性の土台に「甘え」という依存欲求を置いた。また一方で甘えそれ自体をある種人類一般的なものとして理解しており（土居, 1997）、すなわち土居の「甘え」には、人間に普遍的な側面と日本人の国民性を語る側面の二通りの使い方があると考える方がよいといえる。そして、「被害者意識を持つ人間は個人的に被害感を持つだけでなく、（中略）被害者一般と同一化している」「彼らはまさに甘えられないから（中略）被害者としての立場に甘えている」と土居（1971）は述べている。被害者意識の強い人間はすねやすい、あるいは、ひがみやすい人間といえる。これについて、土居は「すねるのは素直に甘えられないからそうなる」「ひがむのは（中略）自分の甘えの当てがはずれたことに起因している」と述べている。

　これらの検討から、被害者意識の強い人は、日常の対人関係の中で、素直に甘えることができない人であり、その根源は、幼少期の親子関係において、素直に母親あるいは母親代わりの人に甘えることができなかった人だと結論付けられる。彼らのこころの中では、実は、他者と素直に依存し合える人間関係を求めているにもかかわらず、それが成就できない現実に大きな苦悩を感じているといえよう。

c）被害者意識の支援・治療
　筆者は非行臨床家・実践家でもあるので、非行・犯罪者の支援や治療に

寄与する研究を深めたいと考えていた。本研究は「被害者意識」の観点からの支援論・治療論の側面を有している。

　第1章では、事例を挙げて、被害者意識のパラドックスをいわば例証したのだが、その一方で、支援論・治療論も展開した。特に、少年Cの事例（中学生男子の事例）については、具体的に非行少年への支援論を展開した。これは被害体験を癒す対応と、同時に、加害者としての責任を深める対応でもある。いわば、非行カウンセリングの二層性の考え方である。

　「非行指導のポイントは、被害者意識の核となるこころの傷を癒す側面と、罪意識を自覚させる側面の二層構造にならざるを得ない。これについては、こころの傷を癒す行為には、いわゆる一般的なカウンセリングの手法が対応し、（非行少年の行動特質である）安易なアクティング・アウトを阻止し、加害者意識を自覚させる支援に対しては、行動レベルでの自己決定を重視するカウンセリングが対応する」（第1章）。また、非行少年たちは「加害者であるにもかかわらず被害者意識が強い」という、いわば逆説的な存在でもある。ところが、対応はどうかというと、「行動規制を課しつつも、自己決定を重んじる」ということになる。これも逆説性をはらんでいることがわかる。つまり、非行少年たちは「加害者であるにもかかわらず被害者意識が強い」という、いわば逆説的な存在であるからこそ、この逆説的存在に対する治療的対応もまた、「行動規制を課しつつも、自己決定を重んじる」という逆説的なものにならざるを得ないのではないか（第1章）ということである。これが筆者の非行臨床の中核的な考え方であり、本研究での中心的な問題となった。

　従来、トラウマ対応について二つの考え方があり、クライエントがトラウマ体験を想起し、再構成して語り、ライフストーリーの中に統合することが重要とする考え方（例えば、ハーマン（Herman, J.L.））があり、これが一般的と考えられるが、他方、子どもの臨床は特殊であって治療的努力の焦点は、支持的な家庭あるいは養育の場を作り出すことにあるとする考え方（例えば、パトナム（Putnam, F.W.））もある（土井，2009）。筆者としては、このような考察の流れから児童養護施設等においては小学校高学年、中学・高校の段階に入った、いわば思春期の段階に入った児童の場合は、つ

らかった体験を話せる場を作って積極的にそのような体験に対応する必要があるのではないかという問題提起へと議論を展開した。

　もともとは、被害者意識に着目することによって、非行や犯罪の理解に寄与することができるということが本研究の出発点であった。しかし、論考を進めるうちに、非行・犯罪を繰り返す人たちのこころの中には、他者と素直に依存し合える人間関係を求めているにもかかわらず、それが成就できないで苦悩していることが理解されるに至った。ではどうすればよいのか。

　筆者は、家族内で甘え合える（依存し合える）人間関係を作っていこうとする心理臨床家であり、家族内でのコミュニケーションのあり方を変容させて、そのような依存し合える関係を作ることを目指す。このことがひいては、逆説的に、社会においては、自分の言動や責任感を的確に自覚し、自立的にその責任をきちんと取り合えることにつながるのではないかという、治療目標についての示唆が得られたと理解した（第10章）。

（2）（非行・犯罪の理解と対応のための）技法論

　本研究のもう一つの内容の柱は、非行・犯罪の理解と対応のための技法論である。

　非行・犯罪理解の探求は技法論の探求と表裏をなすものである。

　筆者の非行臨床の方法論は、精神分析とユング心理学と家族療法である。筆者は、精神分析では過去へと原因を探す方法論と言葉（の分析）を中心に検討し理解を深める。一方、筆者は、ユング心理学的立場では、イメージや表現療法（芸術療法）を用いる方法論をしばしば用いる。そして、システム論的家族療法では家族をシステムとして考え、特にコミュニケーションの変容を図る方法論をとる。これらを総合的な見地から検討した（「第3章」「第4章」「第5章」「第6章」）。これらの技法についても、被害者意識に着目することの意義や有効性について考察を加えた。

　この技法論は同じケースに対しても、前述の三つの視点で、臨床の方向性を考え、同時進行で（三つの方法論で）解決を模索することを重視している。本研究を通して、この方法論が有効性を持つことが示唆された。

　第 5 章では、システム論的家族療法の視点と精神分析の視点でケースを検討することを試みた。また、第 6 章においては、精神分析的ブリーフセラピーにおいて、モルノスの「破壊的怒りと癒しの怒り」への着目を考察して、同様に（筆者独自の視点である）「破壊的な被害者意識と癒しの被害者意識」の可能性について言及した。第 7 章も、家族療法的視点（特に家族神話の視点）と精神分析視点（トラウマの再現性・再演性）の適用、さらに被害者性についての論考において、被害者意識のパラドックスの視点からの考察も展開した。システム論的家族療法と精神分析・ユング心理学的な治療法の協働は矛盾なく可能であるとの結論に達した。そして、これらの技法論と被害者意識との関連性に言及することができた。

　第 1 章で述べたように、非行・犯罪を繰り返す人たちの背景には被害者意識がある。したがって、技法論においても、被害感・被害者意識に着目することによって、効果が上がるのである。第 2 章では筆者独自の非行性のとらえ方を「非行性の二次元的理解の試み」として、論考を深めた。これは、安倍（1978）のいう非行深度論と自我の安定度を二つの軸として非行性をとらえるものであるが、自我の安定度の測定には精神分析の考え方であるエディプス的・前エディプス的反抗という概念を導入して理論構築することができた。それを述べた上で、被害者意識との関連性に触れ、エディプス的被害者意識と前エディプス的被害者意識の概念を検討し、これらの概念を導入することによって効果が上がる可能性について示した。具体的には、反抗と被害感は表裏をなすものとして考察できた。第 3 章では、筆者の非行臨床においては、精神分析やユング心理学的な非行理解においても、被害者意識に着目することの効果に言及した。第 4 章においては、箱庭や MSSM を用いる技法論を展開したが、第 1 章で述べた被害者意識のパラドックスにも触れた。第 5 章においては、被害者意識に着目することで、家族理解が深まることに言及した。

　さて、精神分析やユング心理学と、システム論的家族療法の統合的使用を考える場合、一つの大きな問題に行きあたることを指摘しておきたい。これは「コンテクスト（context）とコンテンツ（contents）」（東，2010）という考え方である。家族療法では主としてコンテクストを扱う（東，2010）

が、これは家族療法家一般に共有されている考え方である。

> （家族療法の修得においては）できればさまざまな社会状況の中で、少なくとも治療場面の中で、コンテンツではなくコンテクストを重視する思考法を修得し、そのうえで、「コンテクストを変化させる技術」を身につけていくことである。（中略）コンテンツは「内容」と訳される。コンテクストは「場、状況、前後関係、関係性、文脈」等と訳される。簡単な例を示すと、「馬鹿！」という発言はコンテンツであるが、その際にみせた「笑顔」や「怖い顔」もコンテンツであり……それらを組み合わせて、「笑顔で『馬鹿！』と小声で言った」と表現するとコンテクストが浮かび上がってくる。（東, 2010）

　一般のカウンセリングで扱うものは（精神分析やユング心理学も含めて）、主としてコンテンツである。例えば、「不登校のレベルが重い」といった考え方はコンテンツに関わる考え方である。病態水準の考え方も、コンテンツに関わるものであり、精神分析やユング心理学はコンテンツを主に扱うものと言ってもよいだろう。一方、コンテクストは関係性であり、システム論的家族療法では関係性を扱う。
　筆者は、これら双方を扱う立場をとっている。これに関しては、家族理解におけるコンテンツとコンテクストの相補性という概念を導入して、これらを複眼的に用いる方法を検討した（第5章）。

2　今後の課題と展望

　大局的に見れば、筆者の非行臨床のアプローチには、欠けているものが一つあるとの批判を受けることになるだろう。それは認知行動療法の視点である。筆者が学生時代、心理療法を学ぶ際に、精神分析と行動療法（当時は、行動療法という用語がもっぱら使われていた）の激しい論争が行われていた。その後、行動療法は認知療法を取り入れ、認知行動療法と姿を変え

（福島ら，2018)、同時に精神分析も発展してきた。

　両者は基本的に考え方が異なっている。しかし、例えば、鈴木・神村 (2005) は、精神力動論 (筆者注・精神分析的方法論) と認知行動療法の折衷は可能だと述べている。すなわち、「クライエントとその問題を、たとえば、精神力動論的に理解した上で、症状や問題行動を認知行動療法的にあつかうことすらあり得 (る)」(鈴木・神村，2005) というのである。

　この指摘は、筆者に新しい研究目標を与えてくれる。精神力動論的なアプローチ法に認知行動療法の知見を取り入れるということである。

　今後は、被害者意識とトラウマとの関連を精緻に検討し、被害者意識と非行・犯罪行動生起の機制を解明し、いわゆるケース・フォーミュレーションを明確に図式化することによって認知行動療法の介入やプログラムを作成することを検討したい。これは十分可能と考える。

　とりわけ、トラウマやPTSDの治療である持続エクスポージャー法 (Foaら，2007) やトラウマに焦点付けた認知行動療法の考え方を取り入れて、少年非行治療 (支援) のプログラムを作成することが今後の課題と考えている。

文　献

安倍淳吉（1978）『犯罪の社会心理学』新曜社

Abelin, E.（1971）"The role of the father in the separation-individuation process," in J. B. McDevitt & C. F. Settlage (eds.), *Separation-Individuation*

Abelin, E.（1975）"Some further observations and comments on the earliest role of the father," *Int. J. Psycho-Anal.*, 56

Abelin, E.（1977）"Panel contribution on the role of the father, in the preoedipal years," *Sixty-sixth Annual Meeting of the Am. Psychoanal. Ass.*

Alexander, F., & French, T. M.（1946）*Psychoanalytic therapy: principles and applications.* Lincoln, NE, & London: University of Nebraska Press, 1974

American Psychiatric Association（APA）（2013）*Diagnostic and statistical manual of mental disorders: DSM-5.* Washington, DC: American Psychiatric Association（日本精神神経学会監修（2014）『DSM-5 精神疾患の診断・統計マニュアル』医学書院）

浅野正（2011）「被害者の視点を取り入れた教育の効果的な実践――再犯防止と被害者支援の観点から」『人間科学研究（文教大学人間科学部）』第 33 号，pp.137-144

馬場禮子（1983）『境界例』岩崎学術出版社

Bloom, B. L.（1992）*Planned short-term psychotherapy: A clinical handbook.* Boston: Allyn & Bacon

Blos, P.（1985）*Son and Father: Beyond the Oedipus Complex.* Macmilan Company, Inc. New York（ピーター・ブロス／児玉憲典訳（1990）『息子と父親――エディプス・コンプレックス論をこえて　青年期臨床の精神分析』誠信書房）

Brown, D.（1995）Foreword. In Molnos, A. A., *Question of Time: Essentials of Brief Dynamic Psychotherapy.* xi-xv. London: H. Karnac Books

Busse, R. T. & Downey, J.（2011）Selective mutism: A three-tiered approach to prevention and intervention. *Contemporary School Psychology*, 15, 53-63

Cooper, J. F.（1995）*Primer of Brief-Psychotherapy.* W. W. Norton & Company（J・F・クーパー／岡本吉生・藤井英行訳（2001）『ブリーフ・セラピーの原則』金剛出版）

Davanloo, H.（1980）"Trial Therapy." In. Danloo, H.（Ed.）*Short-term dynamic Psychotherapy*, pp.98-128

de Shazer, S.（1985）*Key to Solution in Brief Therapy.* W.W. Norton & Company（ス

ティーブ・ド・シェーザー／小野直宏訳（1994）『短期療法解決の鍵』誠信書房）

土井高徳（2009）『青少年の治療・教育的援助と自立支援』福村出版，pp.52-68

土居健郎（1970）『精神分析と精神病理（第2版）』医学書院

土居健郎（1971）『「甘え」の構造』弘文堂

土居健郎（1975）「『「甘え」の構造』補遺」荻野恒一・相葉均・南博（編）『臨床社会心理学の基礎（第5巻）』誠信書房，pp. 203-218

土居健郎（1997）『聖書と「甘え」』PHP研究所

土居健郎（2001）『続「甘え」の構造』弘文堂

Donovan, J. M. (1987) Brief dynamic psychotherapy: Toward a more comprehensive model. Psychiatry, 50, 167-183

Dow, S. P., Sonies B. C., Scheib, D., & Moss, S. E. (1955) Practical guidelines for the assessment and treatment of selective mutism. *Journal of the American Academy of Child Adolescent Psychiatry*, 34, 836-846

エルマン，E.（2012）「『戦争を生きた子どもたち』シンポジウム記録より　全体討論」森茂起・港道隆（編）『〈戦争の子ども〉を考える　体験の記録と理解の試み』平凡社，pp.217-230

Foa, E. A., Hembree, E. A. & Rothbaum, B. O. (2007) *Prolonged Exposure Therapy for PTSD, Emotional Processing of Traumatic Experiences Therapist Guide*, Oxford University Press Inc.（フォア・ヘンブリー・ロスバウム／金・小西監訳，石丸・寺島・本田訳（2009）『PTSDの持続エクスポージャー療法』星和書店）

Freud, S., (1895) *Studies on Histeria. The Complete Psychological Works of Sigmund Freud, Vol. II.* London: The Hogarth Press, 1953（フロイド選集，第9巻，日本教文社）

藤岡淳子（2001）『非行少年の加害と被害』誠信書房，pp.161-206

深津千賀子（1992）「自我機能」氏原他編『心理臨床大事典』培風館，pp.976-977

福田俊一（1999）「家族神話」日本家族心理学会編『家族心理学事典』金子書房，pp.50-51

福井裕輝（2014）『ストーカー病──歪んだ妄想の暴走は止まらない』光文社

福島章（1980）「反抗の心理」大原健士郎，岡堂哲雄・編『講座異常心理学3　思春期・青年期の異常心理』新曜社，pp.116-127

福島哲夫ら（2018）『公認心理師必携テキスト』pp.569-583

Glasser, W. (1965) *Reality Therapy. Harper and Row*（W・グラッサー／真行寺功訳（1975）『現実療法』サイマル出版会）

Gustafson, J. P. (1981) "The complex secret of brief psychotherapy in the works Malan & Ballint." In.: Budman, S. H. (Ed.) *Form of Brief therapy*, pp.83-128. New York & London: Guilford Press

Gustafson, J. P. (1986) *The complex secret of brief psychotherapy*. New York W. W. Norton

萩原玉味・岩井宜子編著（1998）『児童虐待とその対策』多賀出版

橋本和明（2004）『虐待と非行臨床』創元社, pp.11-15

橋本和明（2008）「加害者の被害者性」廣井編『加害者臨床』（現代のエスプリ第491号）至文堂, pp.56-63

速水洋（1992）「父親の機能——父親権威の衰退とその帰結」馬場謙一他編『父親の深層』有斐閣

速水洋（1993）「コフート理論からみたナルシシズムと非行の理解」『犯罪心理学研究』Vol.31, No.2

林道義（1996）『父性の復権』中央公論社

Healy, W. and Bronner, A. F.（1936）*New Light on Delinquency and Its Treatment*（ヒーリー著／樋口幸吉訳（1956）『少年非行』みすず書房）

Herman, J. L.（1992）*Trauma and Recovery Basic Books*. A Division of Harper-Collins Publishers, Inc., New York（ジュディス・L・ハーマン／中井久夫訳（1996）『心的外傷と回復』みすず書房）

東豊（2010）『家族療法の秘訣』日本評論社

東山紘久（2002）『プロカウンセラーの夢分析——心の声を聞く技術』創元社, pp.47-64

平木典子（1996）「個人カウンセリングと家族カウンセリングの統合」『カウンセリング研究』29(1), pp.68-76

廣井亮一（2004）「少年非行の時代的推移」村尾泰弘・廣井亮一編『よくわかる司法福祉』ミネルヴァ書房, pp.80-81

廣井亮一（2007）『司法臨床の方法』金剛出版

Hoffman, L.（1981）*Foundations of Family Therapy*, Basic Books, Inc.（リン・ホフマン／亀口憲治訳（2006）『家族療法の基礎理論』朝日出版, pp.51-359）

法務省（2017）『被害者支援のための一般的制度』

法務総合研究所（2001）『法務総合研究所研究部報告11——児童虐待に関する研究（第1報告）』

井原彩（1996）「箱庭との空間比較」山中康裕（編著）『風景構成法——その後の発展』岩崎学術出版社, pp.313-330

池川二郎（1972）「犯罪の原因」平尾靖編『犯罪心理学』有斐閣

池埜聡（1998）「心的外傷後ストレス障害（PTSD）に対する家族援助の実践的考察」『ソーシャルワーク研究』23(4), pp.276-284

池谷孝司（編著）（2013）『死刑でいいです』新潮社

生島浩（1999）『悩みを抱えられない少年たち』日本評論社

生島浩（2016）『非行臨床における家庭支援』遠見書房

猪股丈二・村尾泰弘（1998）『いじめの相談指導』篠原出版

井上公大（1980）『非行臨床』創元社, pp.147-148

乾吉佑（1977）「第1節　症状の意味するもの」小此木啓吾・馬場謙一（編）『フロイト

精神分析入門』有斐閣

石川義博（1983）「少年非行と精神医学――対策と治療」『精神医学』25巻10号

伊藤富士江（2004）「少年司法における家族グループ会議――ソーシャルワーク実践からの検討」『社会福祉学』45(1), pp.67-76

伊東博（1966）『新訂・カウンセリング』誠信書房, p.162

伊藤俊樹（1992）「芸術療法」氏原寛他共編『心理臨床大辞典』培風館, pp.379-384

Jung, C. G. (1933) "Über Grundlagen der analytischen Psychologie" (Jung, C. G., (1968) *Analytical Psychology: Its Theory and Practice.* The Tavistock Lectures, Routledge & Kegan Paul, Ltd., London, ユング／小川捷之訳（1976）『ユング　分析心理学』みすず書房）

皆藤章（1992）「風景構成法」氏原寛他（共編）『心理臨床大辞典』培風館, pp.558-563

皆藤章（1994）『風景構成法――その基礎と実践』誠信書房, pp.3-46

亀口憲治（1999）「円環的質問法」岡道哲雄他編集『家族心理学事典』金子書房, p.24

神奈川県（2008）神奈川県犯罪被害者等支援に関する有識者懇談会報告書

柑本美和（2001）「わが国の犯罪被害者保護に関する法的支援の現状」藤森和美編『被害者のトラウマとその支援』誠信書房, pp.67-89

Karmen, A. (1996) *Crime victims: An introduction to victimology* (3rd ed.) Belmont, CA: Wadworth Publishing Company

カルフ, D／河合隼雄（監修）大原貢・山中康裕（訳）（1972）『カルフ　箱庭療法』誠信書房

笠原嘉（1973）『青年期』中央公論社, pp.125-163

柏木恵子（1993）『父親の発達心理学』川島書店

片田珠美（2009）『無差別殺人の精神分析』新潮社

片田珠美（2018）『被害者のふりをせずにはいられない人』青春出版社

加藤知可子（1999）「コーピングにおける性差」『広島県立保健福祉短期大学紀要』4(1), pp.13-16

Kaufman, J. & Ziegler, E. (1987) "Do abused children Become Abusive Parents," *American Journal of Orthopsychiatry*, 57, pp.186-192

河合隼雄（1969）『臨床場面におけるロールシャッハ法』岩崎学術出版社, pp.27-28

河合隼雄（1994a）『ユング心理学入門（河合隼雄著作集1）』岩波書店, pp.54-77

河合隼雄（1994b）『ユング心理学の展開（河合隼雄著作集2）』岩波書店, pp.4-220

河合隼雄（1994c）『日本社会とジェンダー』（河合隼雄著作集10）岩波書店

河合隼雄（1995）『物語と科学』（河合隼雄著作集12）岩波書店, pp.22-24

河井芳文・河井英子（1994）『場面緘黙児の心理と指導――担任と父母の協力のために』田研出版

河原省吾（2015）「ゼミの基礎づくりに寄与するファンタジーグループの実施」『高等教育フォーラム　京都産業大学紀要』Vol.5, pp.5-82

警察庁（2017）『警察による犯罪被害者支援』

木村晴子（1985）『箱庭療法』創元社，pp.8-12

金吉晴編（2001）『心的トラウマの理解とケア』じほう，p.7, 48

清原舞子（2017）「創造的退行のありようについて――自我境界、現実感覚、優位感覚との関連性から」『東洋英和大学院紀要』Vol.13，pp.95-117

小早川明子（2014）『「ストーカー」は何を考えているか』新潮社

小早川明子（2017）『ストーカー――普通の人がなぜ豹変するのか』中央公論新社

小林剛（1985）『いじめを克服する――教師への期待』有斐閣

小宮純一（2006）「行政の責務を放棄するな――中学生金属バット路上強盗殺人事件検証への視座」さいたま教育文化研究所『さいたまの教育と文化』No.41，pp.70-77

小西聖子（1998）『犯罪被害者遺族――トラウマとサポート』東京書籍

Kotrba, A.（2014）*Selective mutism: An assessment and intervention guide for therapists, educators & parents.* Eau Claire, WI: Pesi Publishing & Media（丹明彦監訳（2019）『場面緘黙の子どものアセスメントと支援――心理師・教師・保護者のためのガイドブック』遠見書房）

Kris, E.（1952）*Psychanalytic Exploration in Art.* New York. International Universities Press（馬場禮子（訳）（1976）『芸術の精神分析的研究』岩崎学術出版社）

熊倉伸宏（1993）『「甘え」理論と精神療法』岩崎学術出版社

Laplanche, J., & Pontalis, J.-B.（1973）*The Language of psychoanalysis*, London: Hogarth Press, p.462

Lynn, D. B.,（1978）*The Father: Wardsworth Publishing Company*（D・B・リン／今泉信人他訳（1981）『父親――その役割と子どもの発達』北大路書房）

前田重治（1985）『図説　臨床精神分析学』誠信書房

Malan, D. H.（1979）*Individual Psychotherapy and the science of psychodynamics.* London: Butterworth & Co.（D．H．マラン／鈴木龍訳（1992）『心理療法の臨床と科学』誠信書房）

Mann, J.（1973）*Time-limited psychotherapy.* Cambridge, MA: Harvard University Press, 1979

松木邦裕（1996）『対照関係論を学ぶ』岩崎学術出版社，pp.55-92

松本良枝（1998）「非行・犯罪との関連性」萩原玉味・岩井宜子編著『児童虐待とその対策』第二章，多賀出版

松谷貴子（1999）「家族神話」氏原寛他編『カウンセリング辞典』ミネルヴァ書房，p.101

緑川徹（2009）「被害者の視点を取り入れた教育（1）――刑務所・少年院における贖罪教育の現状と課題」『比較法制研究（国士舘大学）』第32号，pp.69-76

宮澤浩一・國松孝治（2000）『犯罪被害者対策の現状』東京法令出版

Molnos, A.（1984）" The two triangles are four: a diagram to teach the progress of dynamic brief psychotherapy," *British Journal of Psychotherapy*, 1(2), pp.112-125

Molnos, A.（1995）*A Question of Time: Essentials of Brief Dynamic Psychotherapy.*

London: H. Karnac Books（A. モルノス著／村尾泰弘訳（2003）『精神分析とブリー
フセラピー』川島書店）

水島恵一（1964）『非行少年の解明』新書館

水島恵一（1971）『増補 非行臨床心理学』新書館

水島恵一・宮崎清・屋比孝夫（1971）「非行診断スケール（DSP）の作製と検討」『科学
警察研究所報告 防犯編』12(1), pp.70-76

森武夫（1986）『少年非行の研究』一粒社

毛利真弓・藤岡淳子・下郷大輔（2014）「加害行動の背景にある被虐待体験をどのよう
に扱うか？ ── A刑務所内治療共同体の試みから」『心理臨床学研究』31(6), pp.960-
969

森田洋司・清永賢二（1986）『いじめ──教室の病い』金子書房

村井佑・本郷栄子・大久保順子・山崎伸一・松尾孝弘・竹内郁江（1987）「少年事件調
査における箱庭の活用」家庭裁判所調査官研修所『調研紀要』51, pp.20-63

村松励（1978）「被害者意識について──対象理解の方法概念として」家庭裁判所調査
官研修所『調研紀要』33, pp.45-55

村松励（1982）「被害者意識──非行少年にみる被害心理」森武夫・郷古英男（編著）
『日本型・少年非行──青年の危機と成長』創元社, pp.211-228

村尾泰弘（1994）「非行性の二次元的理解の試み──安倍淳吉ほかの理論を援用して」
『犯罪心理学研究』32(1), pp.15-28

村尾泰弘（1999a）「非行カウンセリングの二層性について」『人間の福祉（立正大学社
会福祉学部紀要）』第5号, pp.103-112

村尾泰弘（1999b）「家庭の機能と父親の役割──前エディプス的父親とエディプス的
父親概念の検討」『人間の福祉（立正大学社会福祉学部紀要）』第6号, pp.167-177

村尾泰弘（2001）『家族臨床心理学の基礎』北樹出版, pp.62-84

村尾泰弘（2006a）『ホームレス暴行死事件から読み解く現代非行──非行臨床心理学入
門』ブレーン出版, pp.2-35

村尾泰弘（2006b）「現代非行と熊谷市内路上金属バット襲撃事件」さいたま教育文化
研究所『さいたまの教育と文化』No.41, pp.78-83

村尾泰弘（2008a）「非行臨床への箱庭の適用」『箱庭療法学研究』20(2), pp.45-58

村尾泰弘（2008b）「被害者支援の観点から見た非行臨床」『人間の福祉（立正大学社会
福祉学部紀要）』第22号, pp.61-70

村尾泰弘（2008c）「加害者臨床の困難性」廣井編『加害者臨床』（現代のエスプリ第
491号）至文堂, pp.48-55

村尾泰弘（2012）『非行臨床の理論と実践──被害者意識のパラドックス』金子書房,
pp.17-27

村尾泰弘（2014）『家族臨床心理学入門──精神分析からナラティヴ・セラピーまで』
北樹出版

村尾泰弘（2016）「児童虐待死事例Xの心理学的家族分析──家庭状況の再現性を中心

に」『児童養護実践研究』第 4 号，pp.27-39

村尾泰弘（2020a）『新版Ｑ＆Ａ少年非行を知るための基礎知識』明石書店，pp.79-81

村尾泰弘（2020b）「自閉症スペクトラム障害の疑いと診断され，場面緘黙状態にある
　犯罪少年への芸術療法的アプローチ――箱庭・MSSM を中心に」『箱庭療法学研究』
　第 33 巻第 1 号，pp.25-37

村尾泰弘（2020c）「精神分析的ブリーフセラピーの歴史・理論・実際」『立正大学社会
　福祉研究所年報』第 22 号，pp.1-26

村尾泰弘（2020d）「いじめの相談に訪れた母親」『戸籍時報』No.796，日本加除出版社

長井進（2004）『犯罪被害者の心理と支援』ナカニシヤ出版，p.5

中釜洋子（2010）「個人療法と家族療法をつなぐ――関係系志向の実践的統合」東京大
　学出版会

中井久夫（1970）「精神分裂病者の精神療法における描画の使用――とくに技法の開発
　によって作られた知見について」『芸術療法』(2)

中井久夫（1972）「精神分裂病の寛解過程における非言語的接近法の適応決定」『芸術療
　法』(4)

中島岳志（2013）『秋葉原事件――加藤智大の軌跡』朝日新聞出版

中西信男（1987）『ナルシズム』講談社

中西信男（1991）『コフートの心理療法』ナカニシヤ出版

日本赤十字社（1996）「大規模災害発生後の高齢者生活支援に求められるメンタル・ヘ
　ルス・ケアの対応に関する調査研究報告書」

日本心理研修センター（2018）『公認心理師　現任者講習会テキスト　2018 年版』金剛
　出版，p.106

西澤哲（1999）『トラウマの臨床心理学』金剛出版，pp.45-186

西園昌久（1981）『精神分析――自らの人間性理解のために』旺文社

新田健一（1972）「犯罪行動の消長を規定する要因」安香宏・麦島文夫（編）『犯罪心理
　学』有斐閣

野口のぶ子（1985）「南関東地方の少年事件」家庭裁判所現代非行問題研究会（編著）
　『新版　日本の少年非行』pp.291-298

野坂祐子（2019）『トラウマインフォームドケア――“問題行動”を捉えなおす援助の
　視点』日本評論社

野末武義（2003）「個人療法と家族療法の統合――個人療法の中で家族療法の理論と技
　法を生かす」『カウンセリング研究』36(4)，pp.316-325

布柴靖枝（2013）『クライエントの歴史性と物語生成に関する心理臨床研究――多世代
　的視点からみた症状の意味と家族神話』京都大学博士論文取得学位博士（教育学）学
　位授与番号　甲第 17294 号

大原天青（2021）「非行少年に対する児童自立支援施設における治療教育と心理的支援」
　『心理臨床学研究』Vol.39，No.2，pp.118-129

大原天青（2022）「非行少年に対する個人面接と家族合同面接による被害者・加害者意

識への対応」『心理臨床学研究』Vol.40，No.2，pp.93-104

岡江晃（2013）『宅間守精神鑑定書』亜紀書房

岡本茜（2021）「選択性緘黙の大学生に対する心理療法過程」『心理臨床学研究』Vol.39，No.2，pp.143-153

岡本茂樹（2013）「『被害者の視点を取り入れた教育』にロールレタリングを用いたプログラムの効果の研究」『ゲシュタルト療法研究』第3号，pp.47-57

岡野憲一郎（2017）「自己愛と怒り」『精神分析研究』61（4），pp.27-32

大野裕（2000）『「うつ」を治す』PHP研究所，pp.96-121

大和田攝子（2003）『犯罪被害者遺族の心理と支援に関する研究』風間書房

Putnam, F. W.（1997）*Dissociation in Children and Adolescents A Developmental Perspective.* The Guilford Press, New York London（フランク・W・パトナム／中井久夫訳（2001）『解離——若年期における病理と治療』みすず書房）

ラブランシュら／村上仁（監訳）（1977）『精神分析用語辞典』みすず書房，pp.1-3

斎藤学（1998）「被虐待児としての神戸の少年Aと彼の連続殺人について」『アディクションと家族』15巻4号，pp.414-426

斎藤学（2008）『「家族神話」があなたをしばる』日本放送出版協会，pp.81-120

Samuels, A.,（1989）*The Plural Psyche: Personality, Morality & The Father.* pp.15-47 Routledge, London, New York

佐竹洋人（1987）「意地紛争の解決を求めて——怨念、鎮魂、不幸の平等主義」佐竹洋人・中井久夫（編）『「意地」の心理』創元社，pp.234-267

佐藤伸一（1998）「非行と心的外傷」『アディクションと家族』15巻4号，pp.434-444

清水潔（2004）『桶川ストーカー殺人事件——遺言』新潮社

Solomn, M. Neborsky, R. McCullough, L. Alpert, M. Shapiro, F. Malan, D.（2001）*Short-Term Therapy for Long-Term Change*, W.W. Norton & Company, Inc.（ソロモン・ネボルスキー・マッカロー・アルパート・シャピロ・マラン／妙木浩之・飯島典子監訳（2014）『短期力動療法入門』金剛出版）

Stoller, R. J.（1977）"Panel contribution on the role of the father, in the preoedipal years," *Sixty-sixth Annual Meeting of the Am. Psychoanal. Ass.*

杉尾浩規（2019）「アタッチメント、「甘え」、自分——アタッチメントの文化研究における「甘え」の取り扱いに関する一考察」『社会と倫理』第34号，pp.97-123

杉渓一言（1992）「家族機能」氏原寛・小川捷之・東山紘久ほか（共編）『心理臨床大事典』培風館，pp.1201-1204

鈴木伸一・神村栄一（2005）（坂野雄二監修）『実践家のための認知行動療法テクニックガイド』北大路書房，p.vii

館哲朗（1992）「父親の病理——人格発達における父親の役割」馬場謙一他編『父親の深層』有斐閣

高岡健（2009）『発達障害は少年事件を引き起こさない』明石書店，pp.125-143

武野俊弥（1985）「枠強調砂箱による分裂病者の箱庭療法過程——枠強調砂箱の意義」

『箱庭療法研究』2，pp.160-178

田辺有理子（2016）『イライラとうまく付き合う介護職になる！アンガーマネジメントのすすめ』中央法規

田中健夫（2021）「加害者の中にある被害者性についての臨床心理学的検討――押しつけられた罪悪感を手がかりに」『東京女子大学紀要論集』Vol.71，No.12，pp.119-134

寺川剛央・衣斐哲臣・飯村浩晃・藤田絵理子（2018）「中学校美術・陶芸授業における共同学習の取組――人間関係形成力促進を目指した大学教員等との協働の試み」『和歌山大学教職大学院紀要――学校教育実践研究』No.3，pp.123-127

鳥越俊太郎・小林ゆうこ（2002）『虚誕――警察につくられた桶川ストーカー殺人事件』岩波書店

鳥越俊太郎＆取材班（2000）『桶川女子大生ストーカー殺人事件』メディアファクトリー

内田利広（2019）「児童生徒に対する学校臨床における家族支援」日本家族心理学会編『家族心理学ハンドブック』金子書房，pp.297-304

上地安昭（1984）『時間制限心理療法の理論と実際』金剛出版

瓜生武（1984）「権威と反抗」馬場謙一・福島章・小川捷之・山中康裕（編）『父親の深層』有斐閣，pp.173-96

牛島定信（1996）『精神分析学』放送大学教育振興会，p.72

van der Kolk, B. A.（1996）"The Complexity of Adaptation to Trauma: Self-Regulation, Stimulus Discrimination, and Characterological Development." In B. A. van der Kolk, A. C. McFarlane, L. Weisaeth（eds.）, *Trauma Stress : The Effects of Experience on Mind, Body, and Society*. New York, Guilford Press

Vogt, G. M. & Sirridge, S. T.（1991）*Like Son Like Father: Healing the Father-Son Wound in Men's Lives*, Plenum Publishing Corporation, New York

矢幡洋（2008）『無差別殺人と妄想性パーソナリティ障害――現代日本の病理に迫る』彩流社

山田由紀子（2002）「少年と被害者の関係修復を目指して」大阪少年補導協会『月刊少年育成』第47巻第4号，pp.8-14

山田由紀子（2015）「『修復的司法／正義（Restorative Justice）』とその実践（3）　少年事件をめぐる被害者加害者対話の会」『ソーシャルワーク研究』41(3)，pp.238-244

山口豊・岸良範（2010）「ユング心理学と密教」『茨城大学教育学部紀要（教育科学）』59，pp.319-331

山中康裕（1984）「箱庭療法と絵画療法」佐治守夫他編『ノイローゼ（第2版）』有斐閣

山中康裕（1992）「なぐり描き法（スクリブル法、スクイッグル法、MSSM法など）」氏原寛他共編『心理臨床大事典』培風館，pp.384-385

山中康裕（1999）『心理臨床と表現療法』金剛出版，p.10

山根清道（1974）『犯罪心理学』新曜社，p.12

湯原悦子（2019）「介護殺人の具体的事例」村尾泰弘編著『家族をめぐる法・心理・福

祉——法と臨床が交錯する現場の実践ガイド』法律文化社，pp.159-166

遊佐安一郎（1984）『家族療法入門——システムズ・アプローチの理論と実際』星和書店，pp.3-11, pp.63-105

読売新聞水戸支局取材班（2016）『死刑のための殺人』新潮社

吉田俊一（2004）『ホームレス暴行死事件』新風舎

吉川和夫・富田拓郎・大宮宗一郎（2008）「少年犯罪・非行の精神療法——マルチシステミック・セラピー（MST）によるアプローチ」『精神療法』Vol.34, Nom.3, pp.306-313

Wachtel, P. L. (1988) Foreword. In: S. H. Budman & A. S. Gurman (1988) *Theory and practice of brief therapy*. London: Hutchinson, pp.vii-viii

Widom, C. S. (1987) The Cycle of Violence. *Science*, 244, pp.160-165

Wolberg, L. R. (1977) *The Technique of psychotherapy*, New York: Grune & Stratton.

Wolberg, L. R. (1980) *Handbook of short-term psychotherapy*. New York: Thieme-Straqtton

おわりに

　本書は、筆者が今までの心理臨床実践と心理臨床研究の総まとめとして書いたものである。本書の中には、これまでに「被害者意識」そのものをテーマに執筆したものもあるが、「被害者意識」と直接関わりのなかった論文・著作も改めて「被害者意識」の観点からとらえ直し、加筆や修正等を施して完成させたものもある。もちろん、本書のために書き下ろしたものも含まれている。

　私の非行臨床や犯罪者理解の基本的な立場は、非行・犯罪を繰り返す人たちは「罪を犯した加害者でありながら被害者意識が強い」という、被害者意識のパラドックスの視点で貫かれている。

　手前味噌で申し訳ないが、本書は、筆者にとっては「被害者意識のパラドックス」あるいは「被害者意識」そのものを検討し直した総決算ともいえる。

　本書の完成には、多くの方から温かいご支援をいただいた。また、的確で、かつ厳しいご批判もいただいた。日々、大学で学生相手に話をしていると、ともすれば唯我独尊的な思いに至りやすい。その意味で、多方面の方々からご批判・ご支援をいただけたことは、自分自身の反省を深める機会になったし、いささか大げさに申し上げると、私の人生にとってかけがえのない体験となった。私を支えていただいた多くの方々、また、ご指導いただいた多くの方々へこころから御礼を申し上げたい。

　最後になったが、本書の編集・校正などに、細やかに対応していただいた明石書店の深澤孝之氏、岡留洋文氏にこころから感謝申し上げたい。

　　令和6年3月　遠く江の島を眺望しながら。　　　　　　　　村　尾　泰　弘

村尾泰弘（むらお・やすひろ）

1956 年生まれ。横浜国立大学大学院教育学研究科修士課程修了。家庭裁判所調査官として非行や離婚など多くの家庭問題に関わった後、現在、立正大学社会福祉学部教授。「神奈川被害者支援センター」理事長。元日本司法福祉学会会長。専門領域は臨床心理学、家族心理学、司法福祉。臨床心理士・公認心理師としても活動。主な著書は、『家裁調査官は見た──家族のしがらみ』（新潮新書、2016）、『非行臨床の理論と実践──被害者意識のパラドックス』（金子書房、2012）、『新版 Q&A 少年非行を知るための基礎知識』（明石書店、2020）など多数。

「被害者意識」のパラドックス
──非行・犯罪を繰り返す人たちの理解と対応

2024 年 3 月 30 日　初版第 1 刷発行

著　者	村　尾　泰　弘
発行者	大　江　道　雅
発行所	株式会社明石書店

〒 101-0021 東京都千代田区外神田 6-9-5
電　話　03（5818）1171
Ｆ Ａ Ｘ　03（5818）1174
振　替　00100-7-24505
http://www.akashi.co.jp
装丁　　明石書店デザイン室
印刷　　株式会社文化カラー印刷
製本　　協栄製本株式会社

ISBN978-4-7503-5734-8
（定価はカバーに表示してあります）

〈価格は本体価格です〉